TIN FISCHER | MARIO MENSCH

EINER VON HUNDERT WIRD 100

HOFFMANN UND CAMPE *ATLAS*

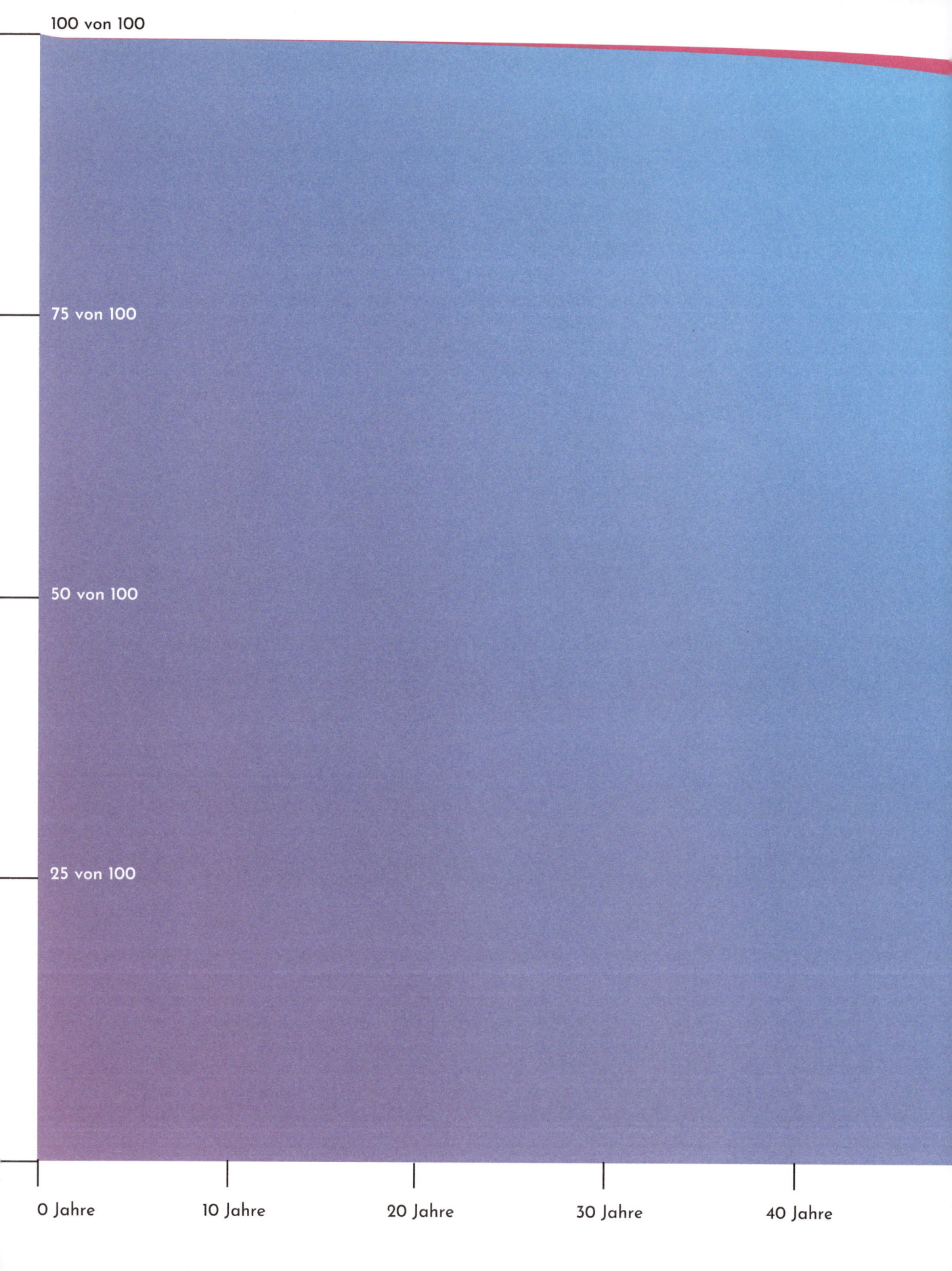

Wer hundert wird

Eins vorab: Der Titel stimmt nicht ganz, jedenfalls bezieht sich die Lebenserwartung nur auf die Männer. Rund einer von hundert Männern wird hundert Jahre alt. Bei den Frauen sind es sogar zwei. Und man müsste noch präziser sagen: Einer von hundert Jungen und zwei von hundert Mädchen werden hundert. Denn die Zahl bezieht sich auf die, die in den letzten Jahren geboren wurden, und setzt voraus, dass alles so bleibt, wie es heute ist.

Das klingt kompliziert und macht auf den ersten Blick auch nicht viel Sinn. Denn dass alles so bleibt, wie es ist, ist unwahrscheinlich. Die Medizin dürfte weiterhin Fortschritte machen, der Straßenverkehr sicherer werden und das Leben gesünder. Steigt die Lebenserwartung tatsächlich weiter wie in den letzten Jahren (vor Corona), werden viermal mehr Menschen das magische Alter 100 erreichen. Würde sie so sehr wie in den letzten fünfzig Jahren steigen, würden sogar etwa 20 von 100 hundert Jahre alt. Die Prognosen gehen also weit auseinander, und dass sich die Zukunft an ihre Vorhersagen hält, darauf ist ohnehin kein Verlass. *Einer von Hundert wird 100* beschreibt hingegen das, was wir heute in Deutschland medizinisch in der Hand haben.

Als wir vor zwei Jahren die Idee zu einem Buch mit diesem Titel hatten, ahnten wir nicht, wie politisch diese Zahlen plötzlich werden würden. Die Lebenserwartung ist in der

Statistik zwar eine wichtige Größe, etwa zur Berechnung der Altersvorsorge oder um das Wohlergehen eines Landes zu messen. Aber im Alltag beschäftigt sie uns nicht.

Dann kam Corona. Statistiken wie die Lebenserwartung oder die Übersterblichkeit, für die sich bislang nur verschrobene Nerds interessierten, bestimmten plötzlich das Leben und den Alltag von uns allen. Es ging in der Pandemie ja im Grunde immer um die Frage, wie jeder und jede Einzelne von uns leben soll, damit die allgemeine Lebenserwartung nicht sinkt. In Deutschland blieb sie trotz allem stabil. In Schweden ist sie 2020 zum ersten Mal um fast ein Jahr gesunken. *Einer von Hundert wird 100* beschreibt also auch das, worum wir in zwei Jahren Pandemie täglich gekämpft haben.

Doch genug der Düsternis. Dieses Buch handelt vor allem vom Leben zwischen 0 und 100. Den ersten Worten, die ein Kind erlernt, den ersten Menschen, die es benennen kann, und der gerechten Verteilung von Lego-Steinen. Es handelt von Traumberufen und Tattoos, von Karrieren und Karrierehindernissen. Es geht um Mount-Everest-Besteigungen und die Gründe, vielleicht doch nicht zum Mond zu fliegen. Es soll aber auch zeigen, welch vielfältige Zahlen und Daten es heute über das Leben alles gibt, seien sie von statistischen Ämtern oder aus Studien, aus Umfragen oder Analysen, die wir selbst durchgeführt haben.

Ein Statistikbuch über das Leben ist eine Biographie von Millionen Menschen. Aber solch eine Biographie lässt natürlich immer auch viele aus, erfasst Menschen in unpassenden Kategorien oder lässt sie in Durchschnittswerten verschwinden. Dass einer von hundert Männern und zwei von hundert Frauen in Deutschland hundert werden, sind solche Durchschnittswerte und Kategorien, die vieles verwischen. Wer in Deutschland in Armut lebt, hat eine ganz andere Lebenserwartung als Wohlhabende. Wer mit Trisomie 21 geboren wird, hat nochmals eine ganz andere. Wo möglich, versuchen wir auch solche Unterschiede aufzuzeigen. Aber nicht immer gibt es Daten dafür.

Durchschnittstypen sind nicht besonders beliebt. Niemand will irgendein Durchschnittstyp sein. Doch in der Statistik lieben wir sie. Einerseits, weil man sie so leicht berechnen kann. Aber auch, weil in ihnen ein großes Versprechen steckt. Die durchschnittliche Lebenserwartung zeigt uns die Zeit an, die wir auf der Erde wahrscheinlich haben werden. Vielleicht wird es weniger, vielleicht ein bisschen mehr. Aber die Zahl gibt uns ein Gefühl für die Zeit, die wir haben, um Großartiges zu machen. Davon handelt dieses Buch.

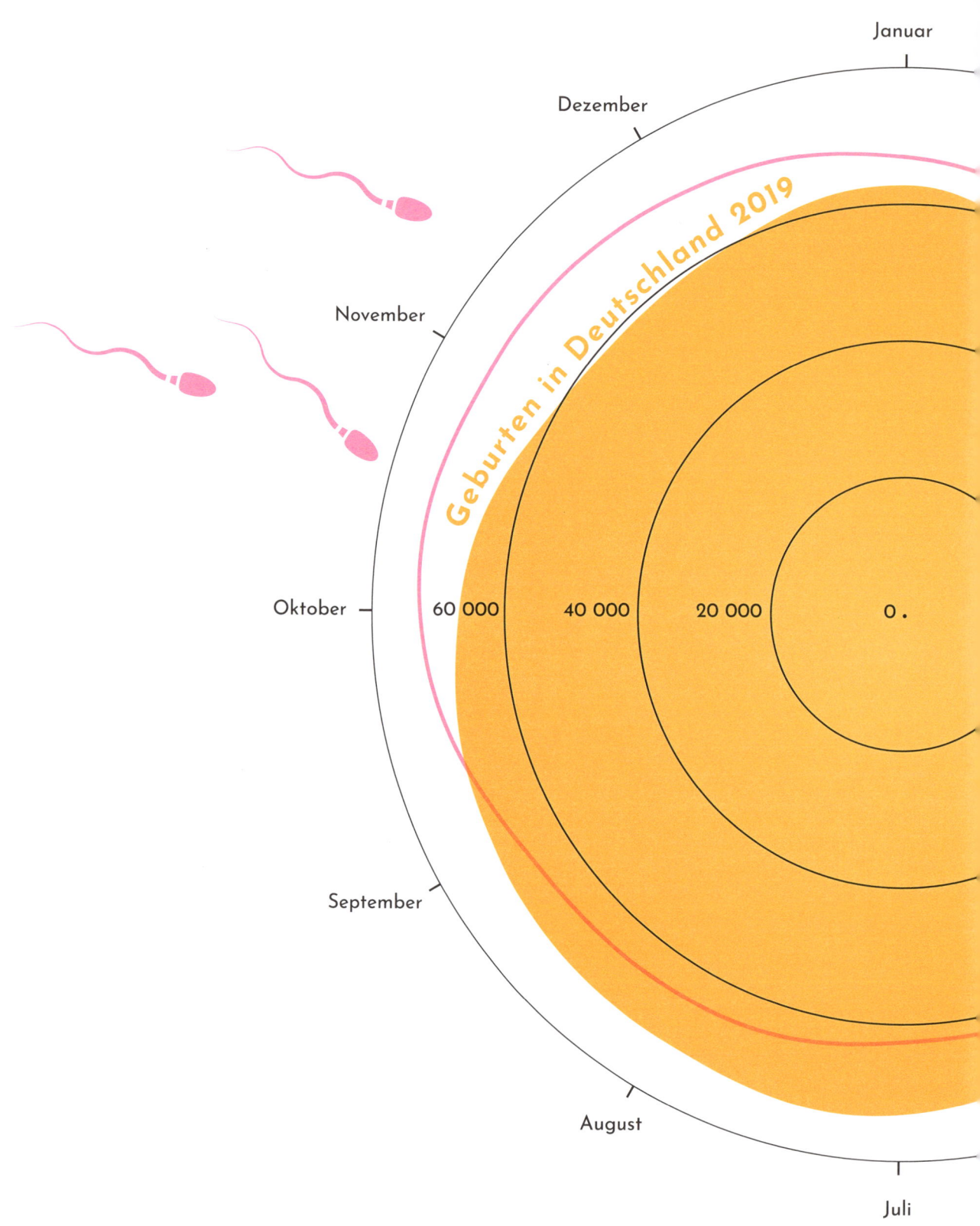

Wann die meisten Babys geboren werden

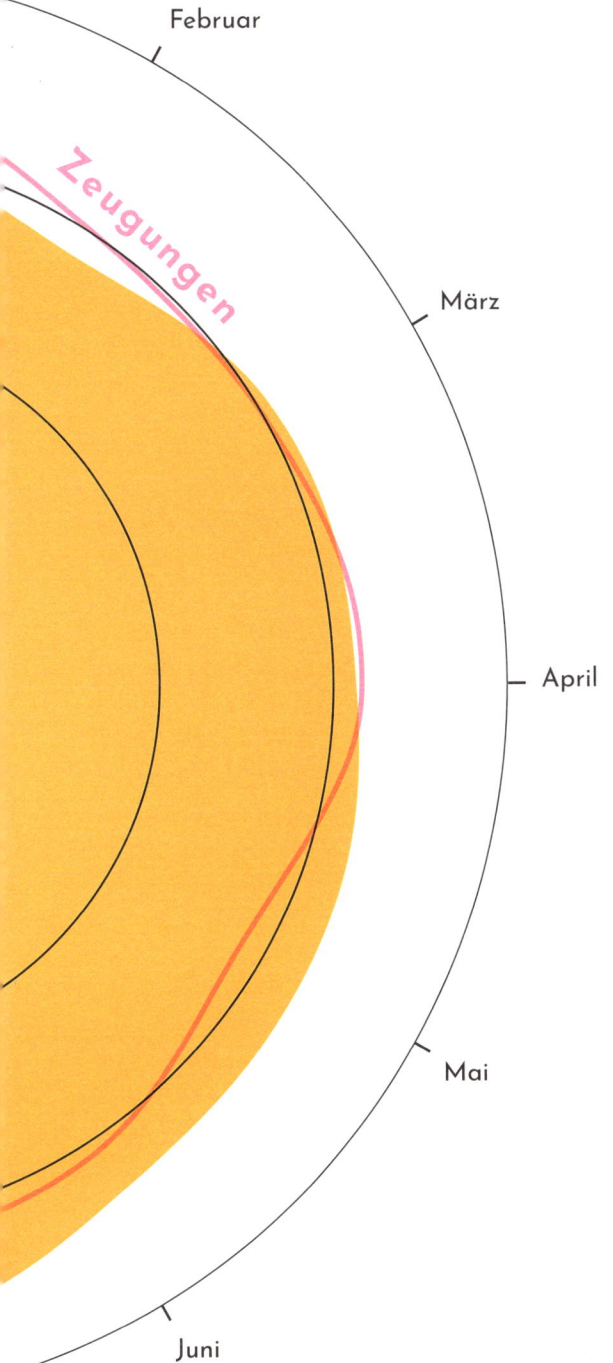

Babys kommen in Wellen, die so zuverlässig sind wie die Gezeiten. In Deutschland werden die meisten im Spätsommer geboren und demzufolge im Herbst gezeugt. So läuft das seit Jahrzehnten. Das Schöne daran ist, dass niemand weiß, warum. An wissenschaftlichen Versuchen, das Phänomen zu erklären, mangelt es nicht. Temperaturen, Urlaub, Erntezeiten – unzählige Ursachen wurden schon untersucht, ohne schlüssige Antwort. International variieren die Geburten-Saisons allerdings. In den USA sind sie ähnlich wie in Deutschland, im restlichen Europa hingegen kommen die Kinder vermehrt im Frühling zur Welt. Aber alle Kurven haben einen Ausschlag im September: Neun Monate vorher war Neujahr.

Alles wächst, manches langsam, manches schnell

Ein Neugeborenes wächst im ersten halben Jahr 16 cm.

Eine Banane auch.

**Ein Mastschwein
legt in der gleichen
Zeit 150 cm zu.**

18. Monat   20. Monat   22. Monat

Wann Kinder »Auto« sagen können

Das Schöne an der Sprachentwicklung ist, dass fast alle Kinder im gleichen Alter ans gleiche Ziel kommen, aber alle auf eigenen Wegen und im eigenen Tempo. Es gibt keine fixen Phasen beim Spracherwerb. Das beschreibt die Entwicklungspsychologin Gisela Szagun. Sie erhob mit Elternfragebögen, wann deutschsprachige Kinder welche Worte beherrschen: »Mama«, »Papa« und auch bald schon »Auto« (die Kurven sind wellenförmig, weil für jedes Alter andere Kinder untersucht wurden, was zu statistischen Schwankungen führt). Ein Maßstab für Sprachentwicklung sind die Linien aber nicht. Ob ein Kind mit 18 Monaten »Banane« sagen kann, ein eigenes Wort für Bananen hat oder kein Wort für Bananen braucht, weil es keine Bananen mag, ist einfach Banane.

75 %

50 %
der Kinder
beherrschen
das Wort

25 %

26. Monat   28. Monat   30. Monat

Die ersten Menschen, die Kinder benennen können

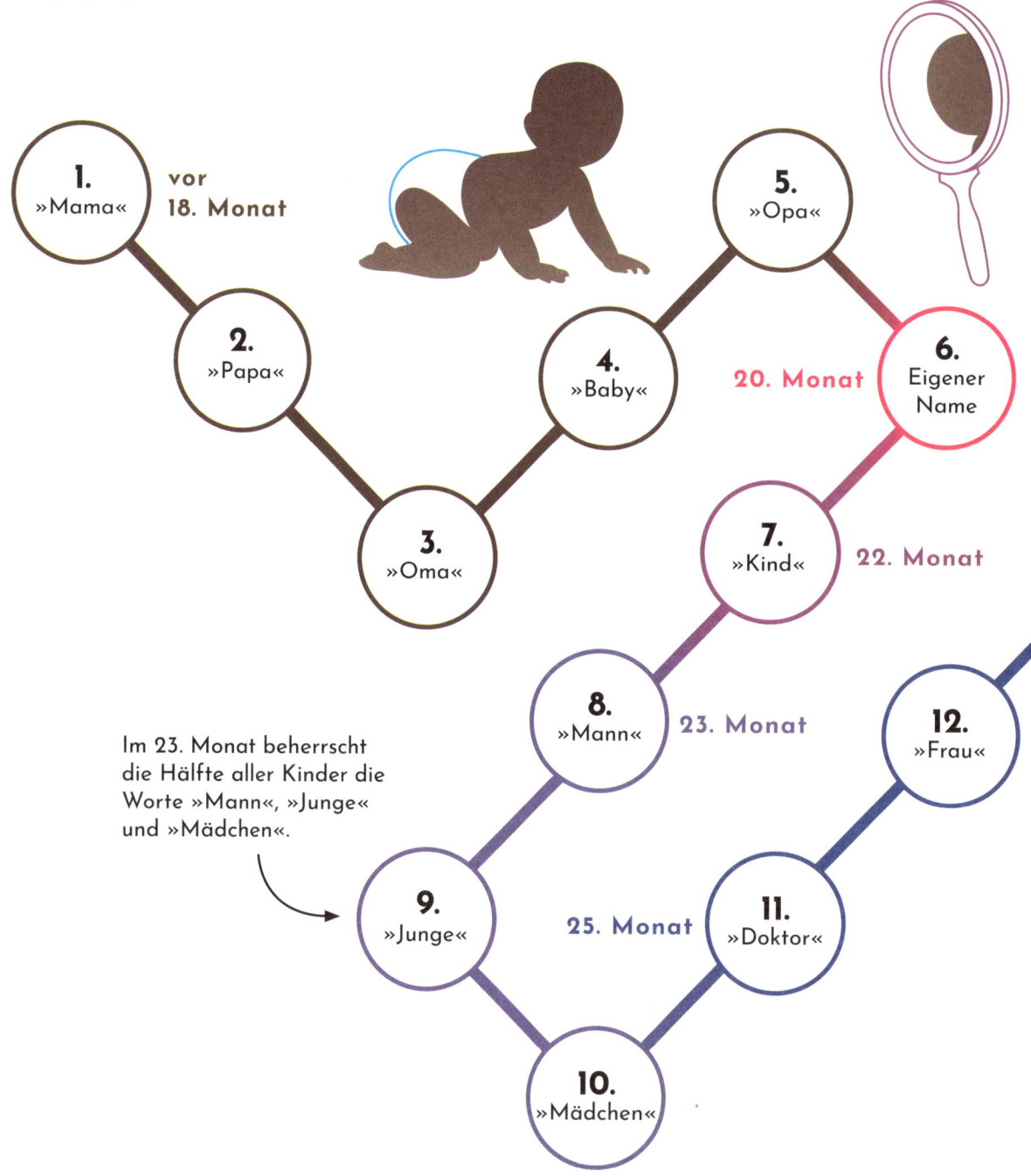

1. »Mama« vor 18. Monat
2. »Papa«
3. »Oma«
4. »Baby«
5. »Opa«
6. Eigener Name — 20. Monat
7. »Kind« — 22. Monat
8. »Mann« — 23. Monat
9. »Junge«
10. »Mädchen« — 25. Monat
11. »Doktor«
12. »Frau«

Im 23. Monat beherrscht die Hälfte aller Kinder die Worte »Mann«, »Junge« und »Mädchen«.

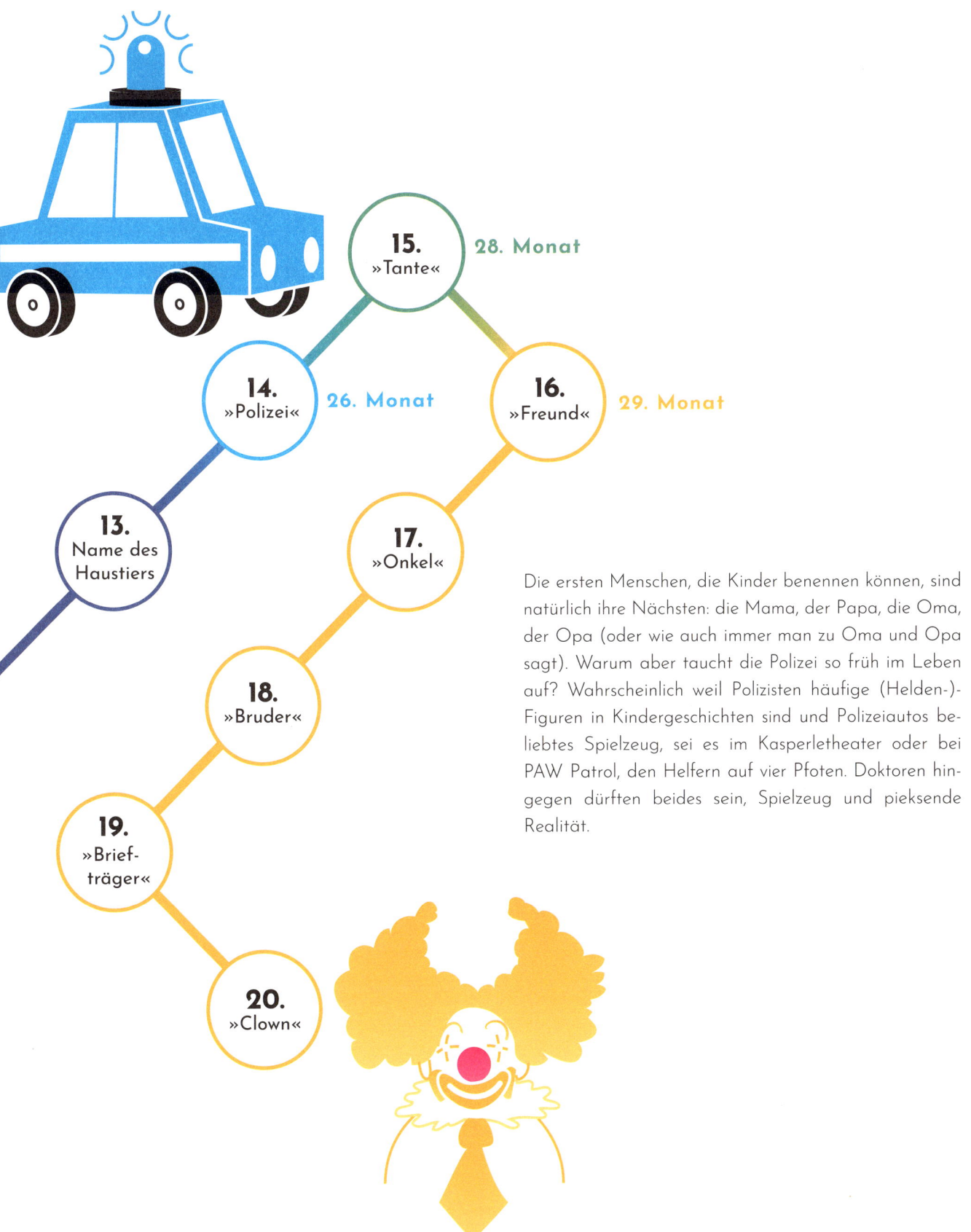

13. Name des Haustiers

14. »Polizei« — 26. Monat

15. »Tante« — 28. Monat

16. »Freund« — 29. Monat

17. »Onkel«

18. »Bruder«

19. »Briefträger«

20. »Clown«

Die ersten Menschen, die Kinder benennen können, sind natürlich ihre Nächsten: die Mama, der Papa, die Oma, der Opa (oder wie auch immer man zu Oma und Opa sagt). Warum aber taucht die Polizei so früh im Leben auf? Wahrscheinlich weil Polizisten häufige (Helden-)-Figuren in Kindergeschichten sind und Polizeiautos beliebtes Spielzeug, sei es im Kasperletheater oder bei PAW Patrol, den Helfern auf vier Pfoten. Doktoren hingegen dürften beides sein, Spielzeug und pieksende Realität.

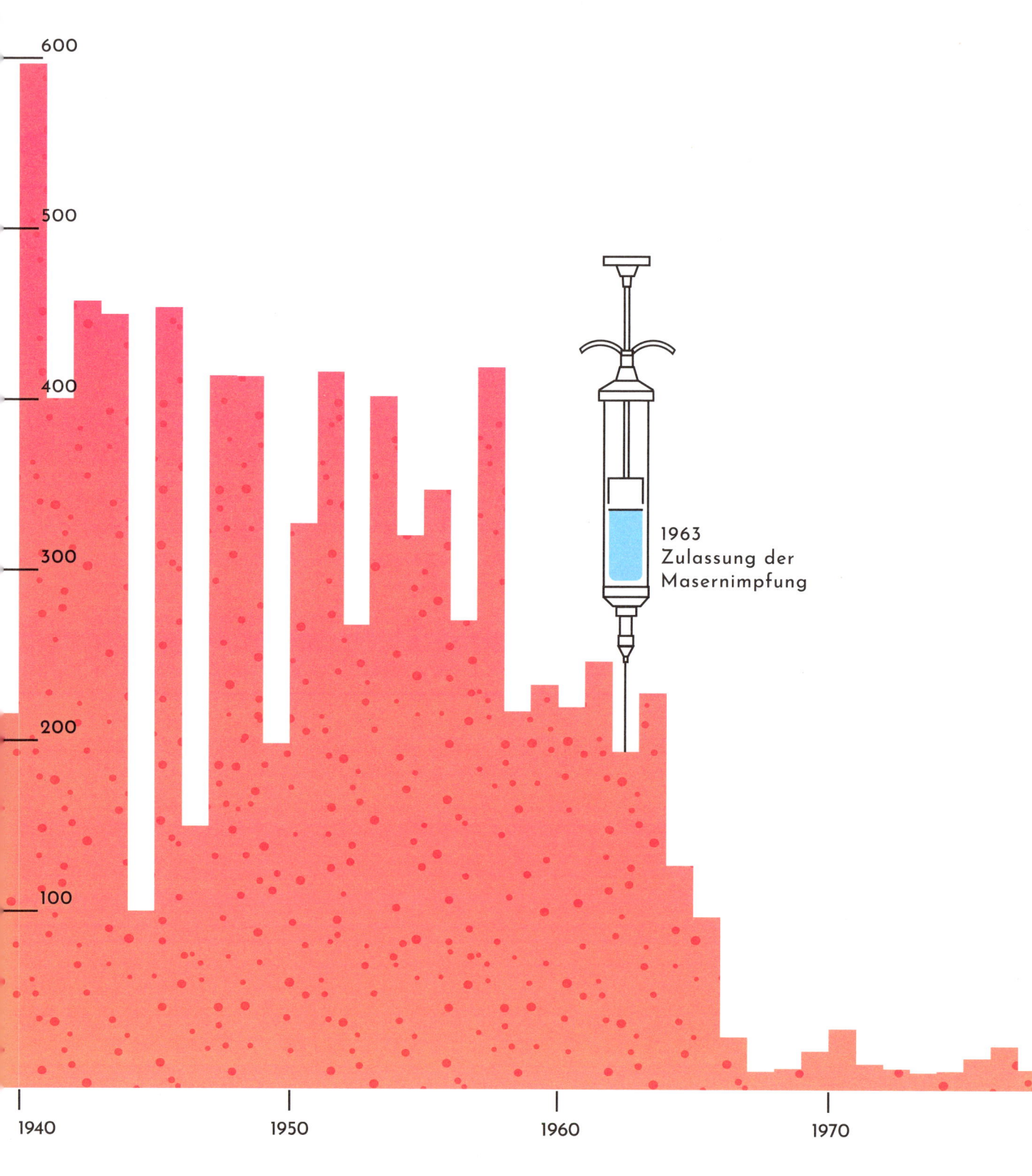

Was wir dem Impfen zu verdanken haben

Kaum eine Erfindung hat so viele Leben gerettet wie das Impfen. Vor allem Kinder starben früher oft an Infektionskrankheiten. Heute kaum mehr. Die Grafik zeigt die Entwicklung der Masernfälle in den USA. Manchmal wird nun eingewandt, dass Infektionskrankheiten lange vor der Einführung des Impfens zurückgegangen seien. Gesündere Ernährung, sauberes Wasser, umfassende Hygiene, verbesserte Wohnbedingungen und medizinische Versorgung (auch durch Antibiotika) machten die Krankheiten weniger tödlich. Aber eben erst das Impfen drückte die Erkrankungen auf Null, ohne viel Aufwand. Verzichten Menschen auf die Impfung, kommen die Krankheiten zurück.

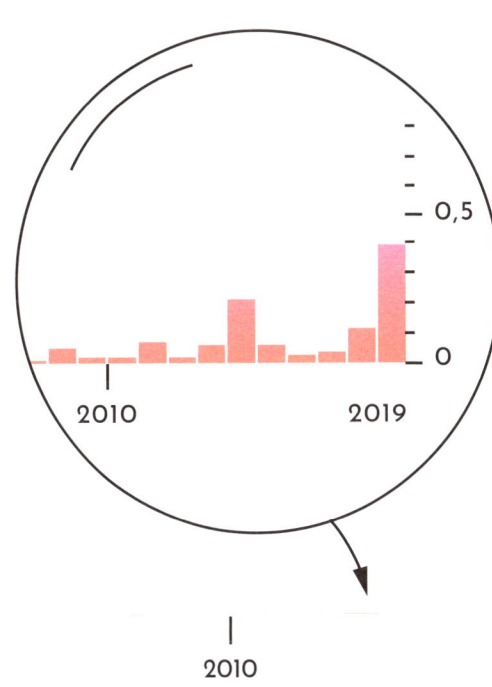

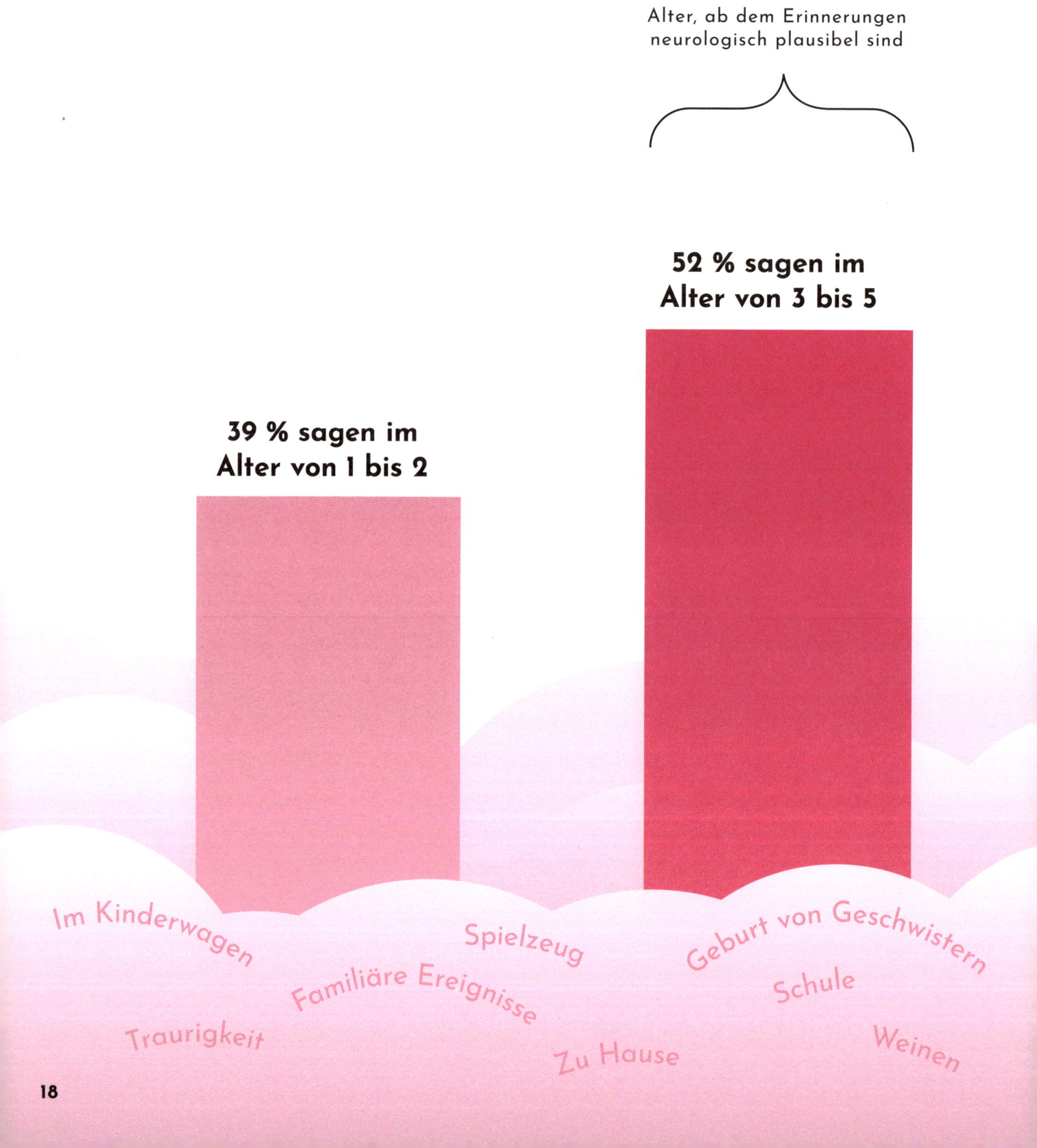

Alter, ab dem Erinnerungen neurologisch plausibel sind

52 % sagen im Alter von 3 bis 5

39 % sagen im Alter von 1 bis 2

Im Kinderwagen

Familiäre Ereignisse

Spielzeug

Geburt von Geschwistern

Schule

Traurigkeit

Zu Hause

Weinen

Unsere ersten Erinnerungen

Oder das, was wir dafür halten

»Als Baby im Kinderwagen«, war eine der häufigsten Antworten, die eine Radiosendung der BBC bekam, als sie ihre Zuhörerinnen und Zuhörer aufrief, erste Erinnerungen zu teilen. Irritierend jedoch war, dass rund vierzig Prozent über Ereignisse im Alter von eins und zwei Jahren berichteten. Dabei weiß man, dass Erinnerungen erst ab etwa dreieinhalb möglich sind. Fast die Hälfte der Befragten bildete sich ihre Erinnerungen also ein. Dazu gehörten etwa Gefühle von Trauer oder einschneidende Familienereignisse. Diese Erinnerungen als falsch abzutun, wäre allerdings ebenso falsch, betonen die Wissenschaftler um Shazia Akhtar von der Universität London. Es sind Illusionen, die helfen, die eigene Lebensgeschichte zu erzählen.

9 % sagen im Alter von 6 bis 10

Träume

Ferien

Wie Kitas Kinder sehen

Je größer die Schrift, desto häufiger kommt das Wort in Berliner Kita-Namen vor, »Fratz« zum Beispiel 18 Mal.

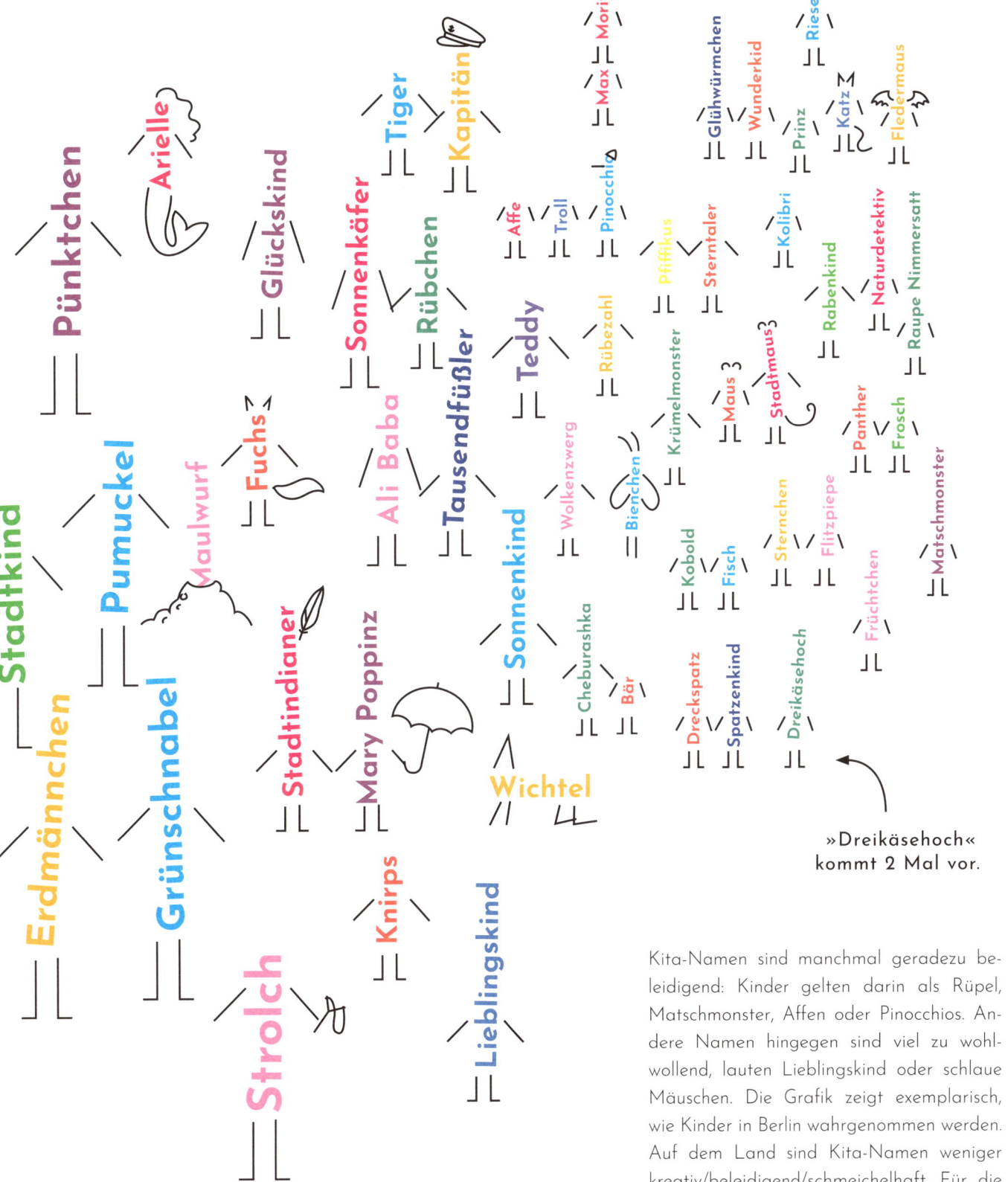

»Dreikäsehoch« kommt 2 Mal vor.

Kita-Namen sind manchmal geradezu beleidigend: Kinder gelten darin als Rüpel, Matschmonster, Affen oder Pinocchios. Andere Namen hingegen sind viel zu wohlwollend, lauten Lieblingskind oder schlaue Mäuschen. Die Grafik zeigt exemplarisch, wie Kinder in Berlin wahrgenommen werden. Auf dem Land sind Kita-Namen weniger kreativ/beleidigend/schmeichelhaft. Für die eine auf dem Dorf reicht der Name »Kita«.

Wie viele Kinder imaginäre Freunde haben

Sie leben unterm Bett oder hinterm Mond, sind Minimenschen oder Fabelmonster. 37 Prozent aller Siebenjährigen hatten schon mal imaginäre Freunde, sagt die amerikanische Psychologin Marjorie Taylor. Oft tauchen sie zum ersten Mal bei Veränderungen auf, nach der Trennung der Eltern oder der Geburt eines Geschwisters. Lieb sind die Kumpanen nicht immer. Grund zur Sorge sind sie aber auch nicht. Kinder mit imaginären Freunden haben nicht weniger reale Freunde und sollen sogar offener und kreativer sein. Der Abschied von den Freunden kann hingegen recht ideenlos ausfallen: im Urlaub vergessen und fertig.

23

Wie sich die Lebenserwartung mit Trisomie 21 entwickelt hat

Nimmt sich die Medizin einer bestimmten Gruppe von Menschen endlich an, kann sie ihr Leben grundlegend verändern. Noch vor fünfzig Jahren erlebte nicht einmal die Hälfte der Neugeborenen mit Down-Syndrom den ersten Geburtstag. Heute werden sie im Durchschnitt 60. Häufige Herzfehler beispielsweise können operativ behandelt werden, gegen Atemwegserkrankungen aufgrund des schwächeren Immunsystems helfen Antibiotika. Zwar ist die Lebenserwartung von Menschen mit einer geistigen Behinderung noch immer kleiner als von Menschen ohne. Sie hat aber viel stärker zugenommen als im Rest der Bevölkerung und könnte bald gleichauf sein. Die Daten hier sind u. a. aus den USA.

18 Jahre

12 Jahre

9 Jahre

1930   1940   1950   1960

60 Jahre

56 Jahre

35 Jahre

30 Jahre

1970   1980   1990   2000

Wo jugendliche Abenteuerbücher früher spielten und heute spielen

■ 1950–1960
■ 2015–2020

Nordamerika 51% 8%
USA 72% 49%
Kanada 25%
Südamerika 34%

Abenteuer, die waren mal in Amerika und Afrika. Wilder Westen und düsterer Dschungel, durch den der Held sich schlagen muss. Die Bücher wurden im Geist des Kolonialismus und der Welteroberung geschrieben. Erst nach 1968 veränderte sich die Jugendliteratur grundlegend. Weg von den männlichen Einzelgängern, hin zu mehr weiblichen Charakteren und Teams, die auch nicht mit Macheten, sondern mit Intellekt – oder Magie – ihre Aufgaben bewältigen müssen. Die Karte ist eine eigene Auswertung von Schlagworten zu Büchern der »Bibliothek für Jugendbuchforschung« an der Universität Frankfurt.

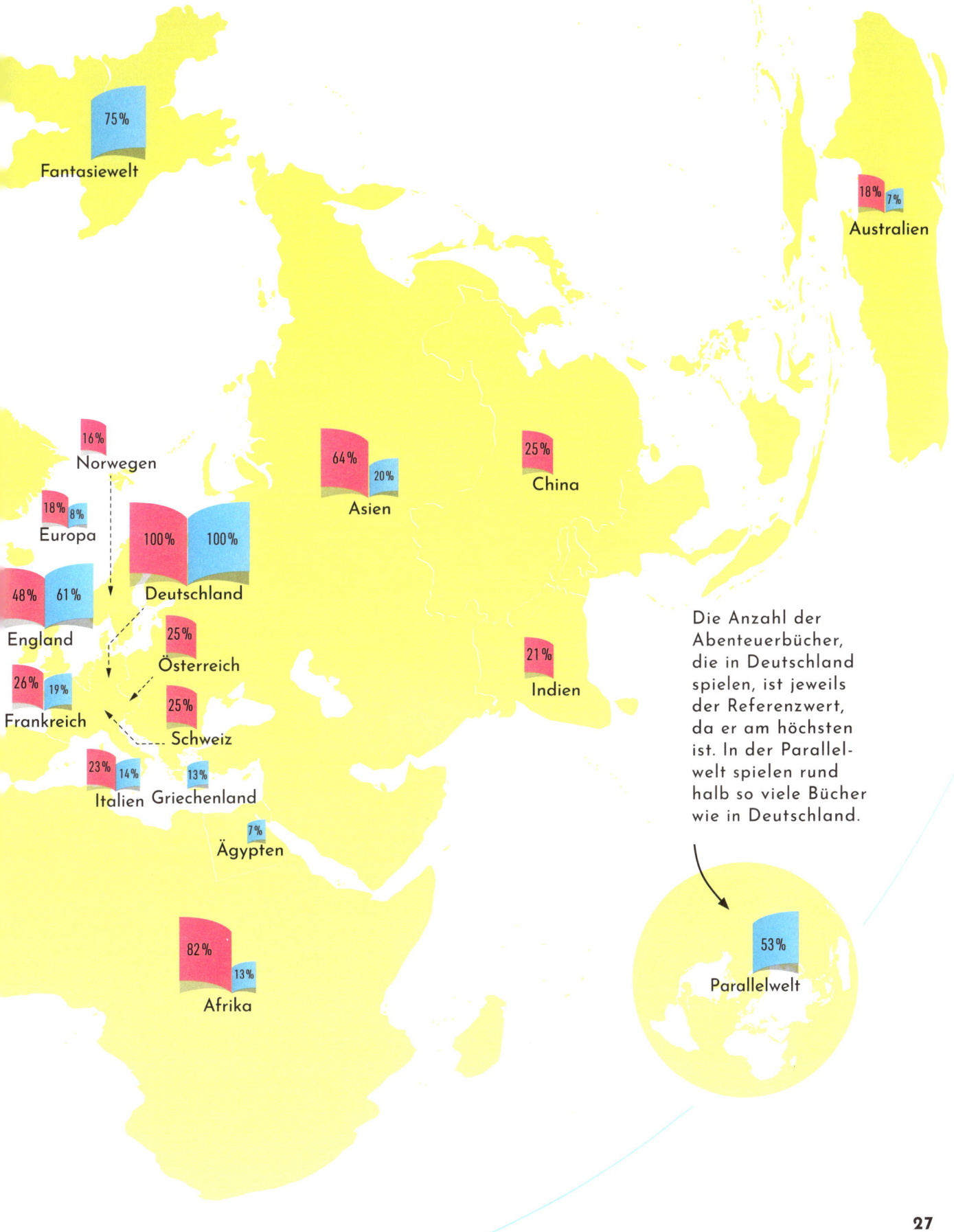

Spielzeug, das für Mädchen und Jungen vermarktet wird

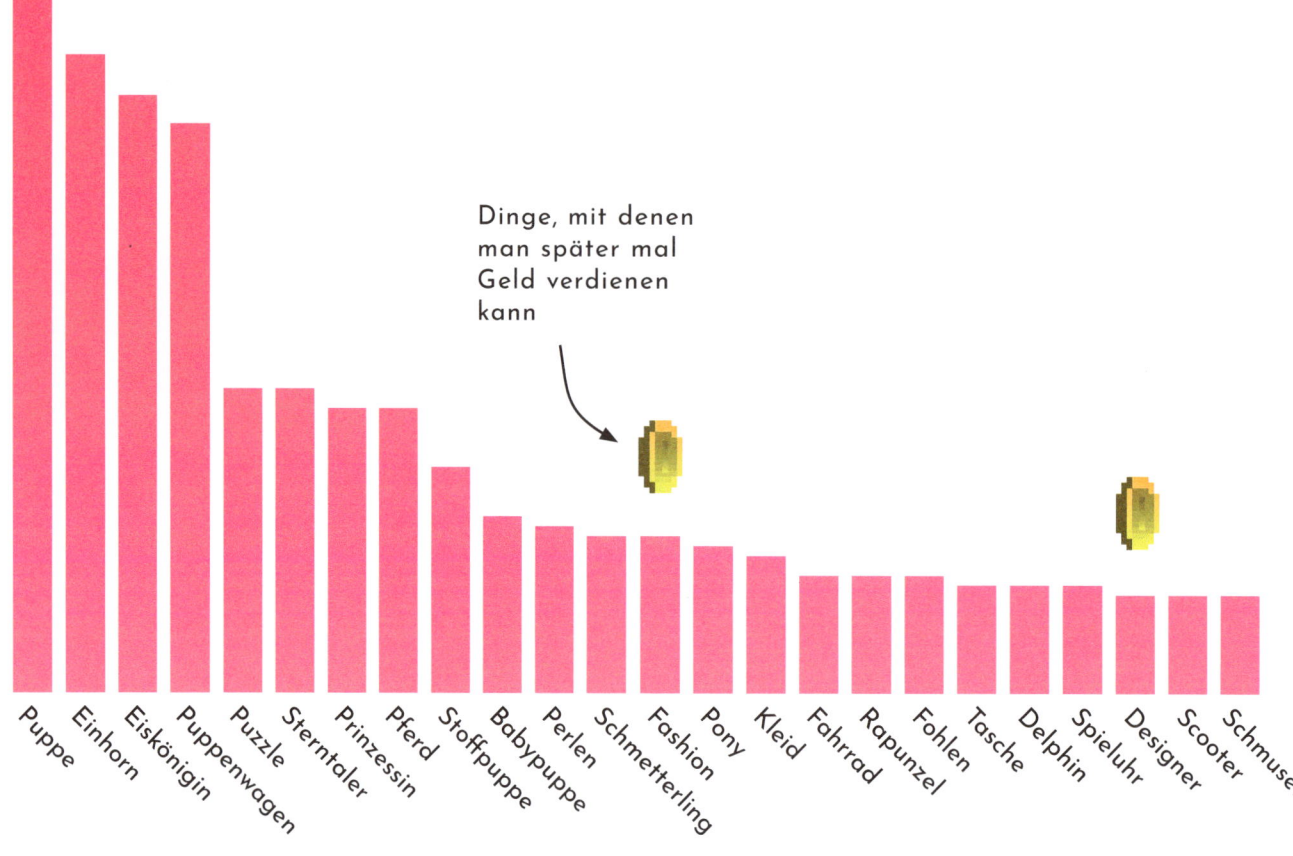

Dinge, mit denen man später mal Geld verdienen kann

Puppe, Einhorn, Eiskönigin, Puppenwagen, Puzzle, Sterntaler, Prinzessin, Pferd, Stoffpuppe, Babypuppe, Perlen, Schmetterling, Fashion, Pony, Kleid, Fahrrad, Rapunzel, Fohlen, Tasche, Delphin, Spieluhr, Designer, Scooter, Schmuseset

Anzahl Spielzeug in einem Katalog

Studien zeigen immer wieder: Spielzeug, das für Mädchen vermarktet wird, dreht sich oft um Haushalt, Pflege oder Mode. Bei den Jungs dagegen wird erobert, entwickelt und gebaut. Bei unserer Auswertung des Katalogs eines deutschen Spielzeugladens fällt noch etwas anderes auf: Jungsspielzeug bezieht sich oft auf Berufe, mit denen man später Geld verdienen kann (wenn auch nicht die bestbezahlten Jobs). Um Frauen mehr für technische Berufe zu begeistern (siehe S. 136), wird aauch immer wieder an Spielzeughersteller appelliert, technisches Spielzeug nicht nur für Jungs zu vermarkten.

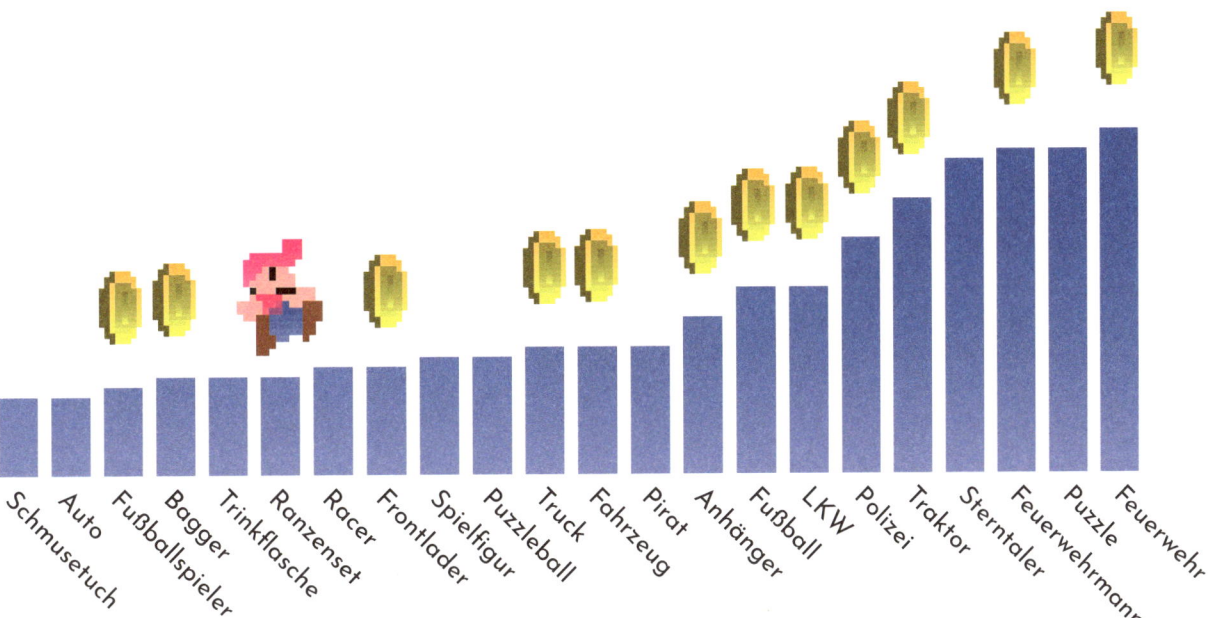

Die globale Lego-Ungleichheit

Lego produziert 75 Milliarden Steine pro Jahr (2018) und macht rund 10 Prozent seines Umsatzes in Deutschland. Entsprechend haben wir die Steine auf die Anzahl Kinder zwischen 5 und 15 Jahren in Deutschland und weltweit verteilt.

38

Wie viele Lego-Steine ein Kind zum Geburtstag kriegen würde, wären sie auf der Welt gerecht verteilt

647

Wie viele Lego-Steine ein deutsches Kind im Schnitt jährlich kriegt

Wie viel Kinder mit Hartz IV erhalten

Für Essen

3,98 €
pro Tag

Für Kleidung

37,45 €
pro Monat

Für Freizeit

44,52 €

pro Monat

Für Pflege

8,16 €

pro Monat

Für Bildung

1,61 €

pro Monat

Hartz IV soll das »menschenwürdige Existenzminimum« sichern. Statistiker berechnen jährlich, wie viel Geld arme Menschen ausgeben, ziehen davon ab, was als unnötig gilt, und verrechnen das Ergebnis mit der Entwicklung der Löhne. Im Ergebnis: Wer erwachsen ist und alleine lebt, erhält 446 Euro plus Miete und Heizkosten. Für Kinder gibt es neben dem Kindergeld je 309 Euro, mit denen die 6- bis 14-Jährigen durch den Monat gebracht werden müssen. Für Bildung beispielsweise werden 1,61 Euro pro Monat veranschlagt.

Weihnachtsgeschenke

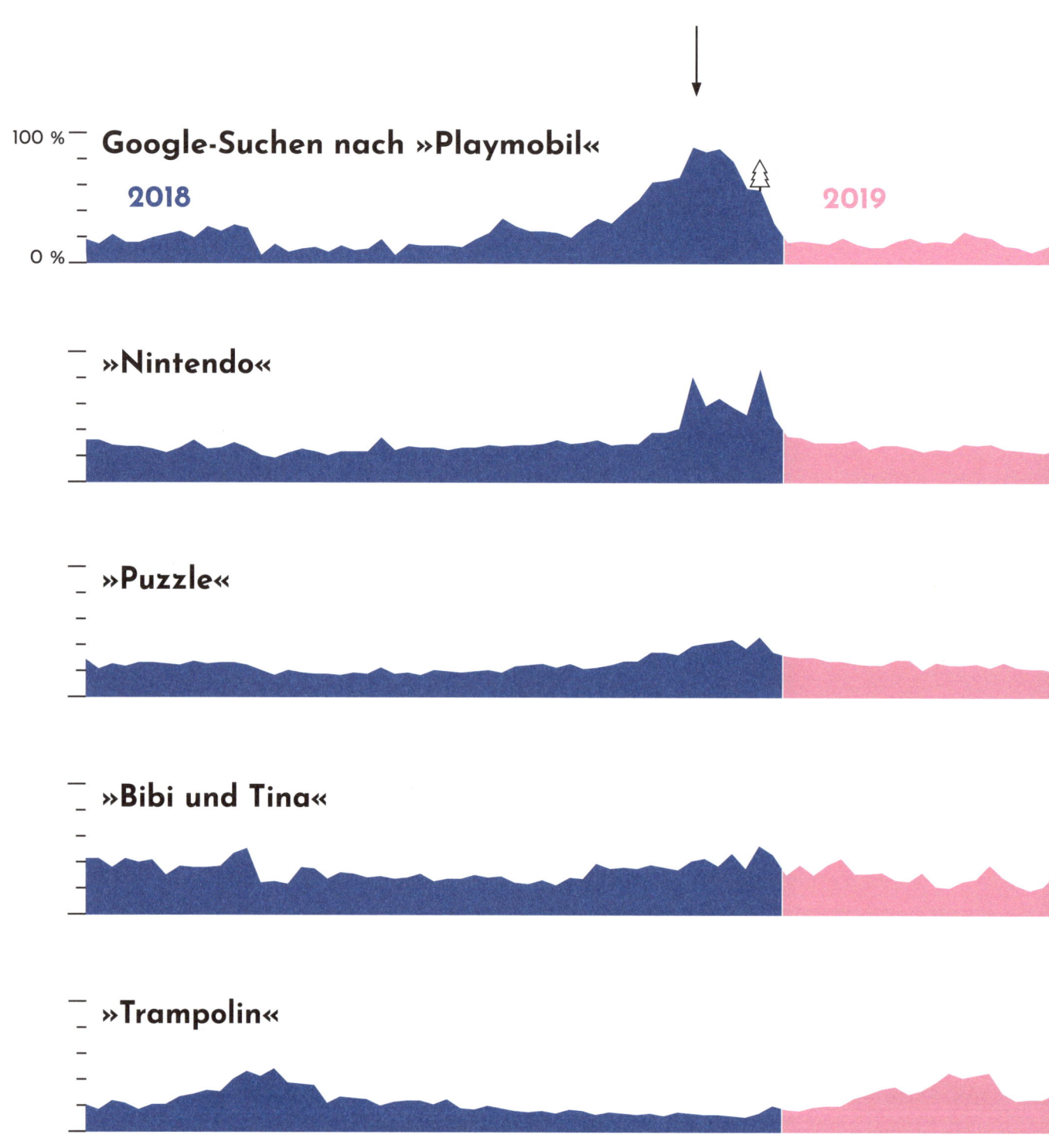

Lockdowngeschenke

↓ 1. Lockdown
am 23.3.2020

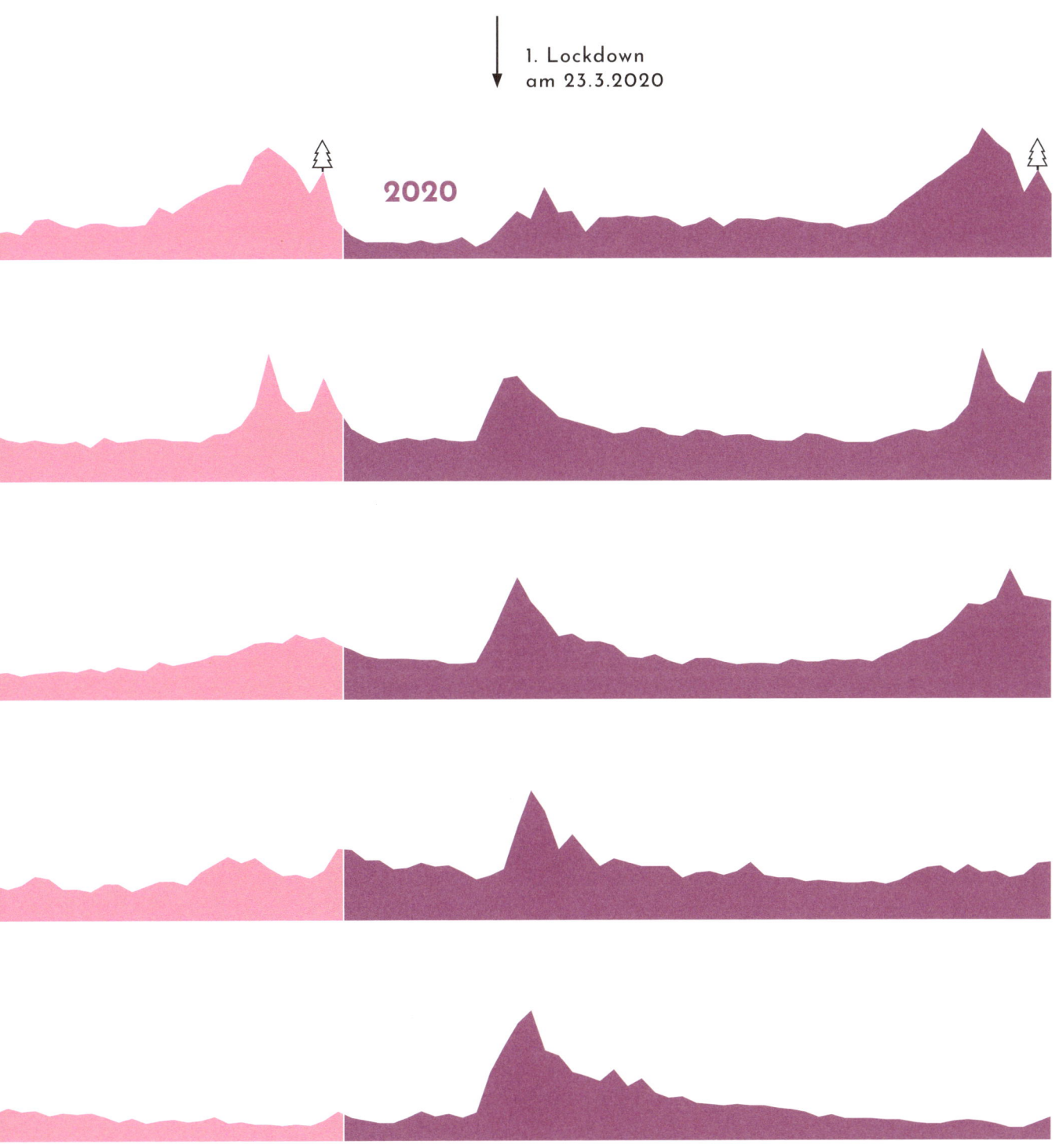

2020

99 %
- Kopf
- Augen
- Mund
- Rumpf
- Arme
- Beine

91 %
- Körperteile in 2D
- Füße, Zehen oder Schuhe
- Rumpf proportioniert (länger als breit)

72 %
- Füße oder Schuhe in 2D
- Finger
- Haare
- Nase

62 %
- richtige Anzahl Finger
- Kopf proportioniert (länger als breit)
- Hand
- Ein Kleidungsstück

Wie Achtjährige einen Menschen zeichnen

Mit etwa zwei Jahren entdecken Kinder, dass man durch Zeichnungen Spuren in der Welt hinterlassen kann. So formuliert es der Psychologe Oskar Jenni, der Kinderzeichnungen erforscht. Erst ahmen Kinder nur nach und bilden ab. Später versuchen sie, mit Zeichnungen auch zu kommunizieren. Mit 4 Jahren zeichnen die meisten Körperteile wie Kopf, Auge, Mund und Beine. Danach entwickeln sie auch ein Gefühl für Größe, Ordnung, Perspektiven, Verdecken und Farben. Ihre Menschen werden zweidimensional, die Hände haben plötzlich die richtige Anzahl Finger. Andererseits: Micky Maus hat vier Finger. Also was ist schon richtig?

41 %
- Hals
- Kleidung nicht durchsichtig
- Augendetails

24 %
- Hals in 2D
- Mehrere Kleidungsstücke
- Ohren
- Daumen abgespreizt
- Arme physiologisch

2 %
- Munddetail
- Nasenlöcher
- Ohrendetail
- Accessoires
- Gelenke

Wie Zehnjährige die Welt zeichnen
Und warum das völlig korrekt ist

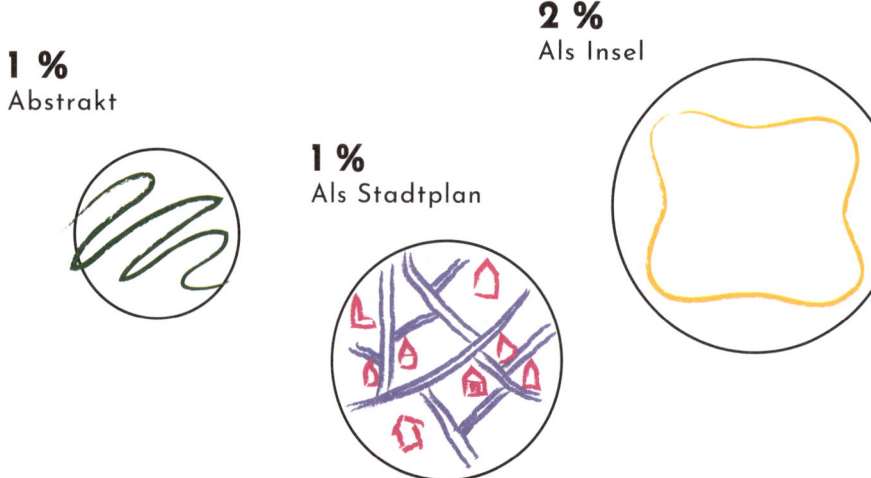

1 % Abstrakt

1 % Als Stadtplan

2 % Als Insel

3 % Als Postkarte

Als Pädagogikprofessorin Daniela Schmeinck 10-Jährige bat, eine Weltkarte zu malen, kam alles mögliche heraus. Viele sahen Länder als einzelne Inseln, wie in einem Computerspiel. Andere stellten die Welt als Flickenteppich dar, auf dem jedes Land gleich groß ist und gleich ans nächste grenzt. Wieder andere, die vielleicht eine Weltkarte als Schreibtischunterlage hatten oder sich für die Weltmeisterschaft interessierten, zeichneten die Karte erstaunlich detailliert. Besser oder schlechter seien diese Karten aber nicht, betont Schmeinck. Ist München, wo die Großeltern leben, denn wirklich näher als Mallorca, wenn die Reise dorthin gleich lang dauert? Eben.

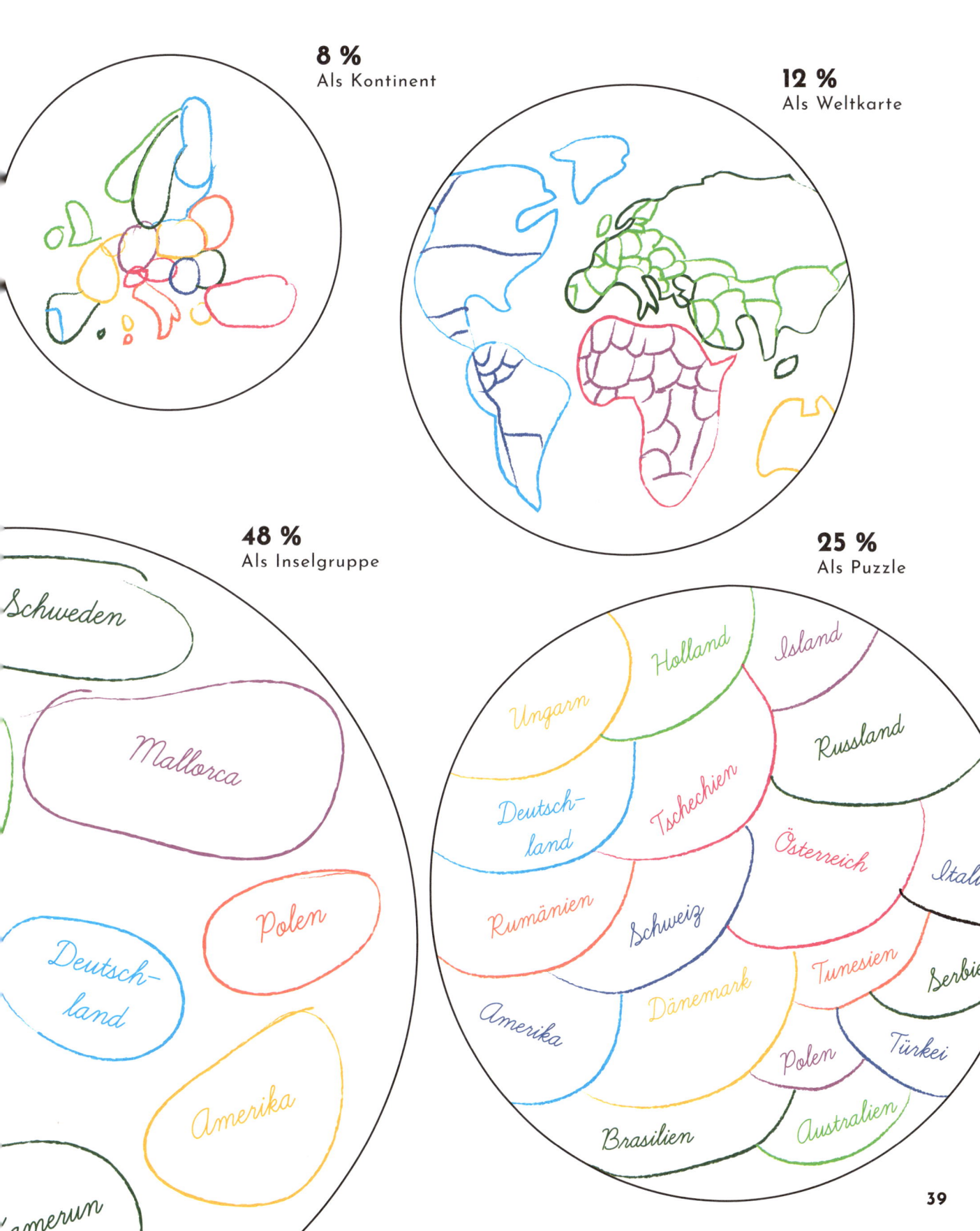

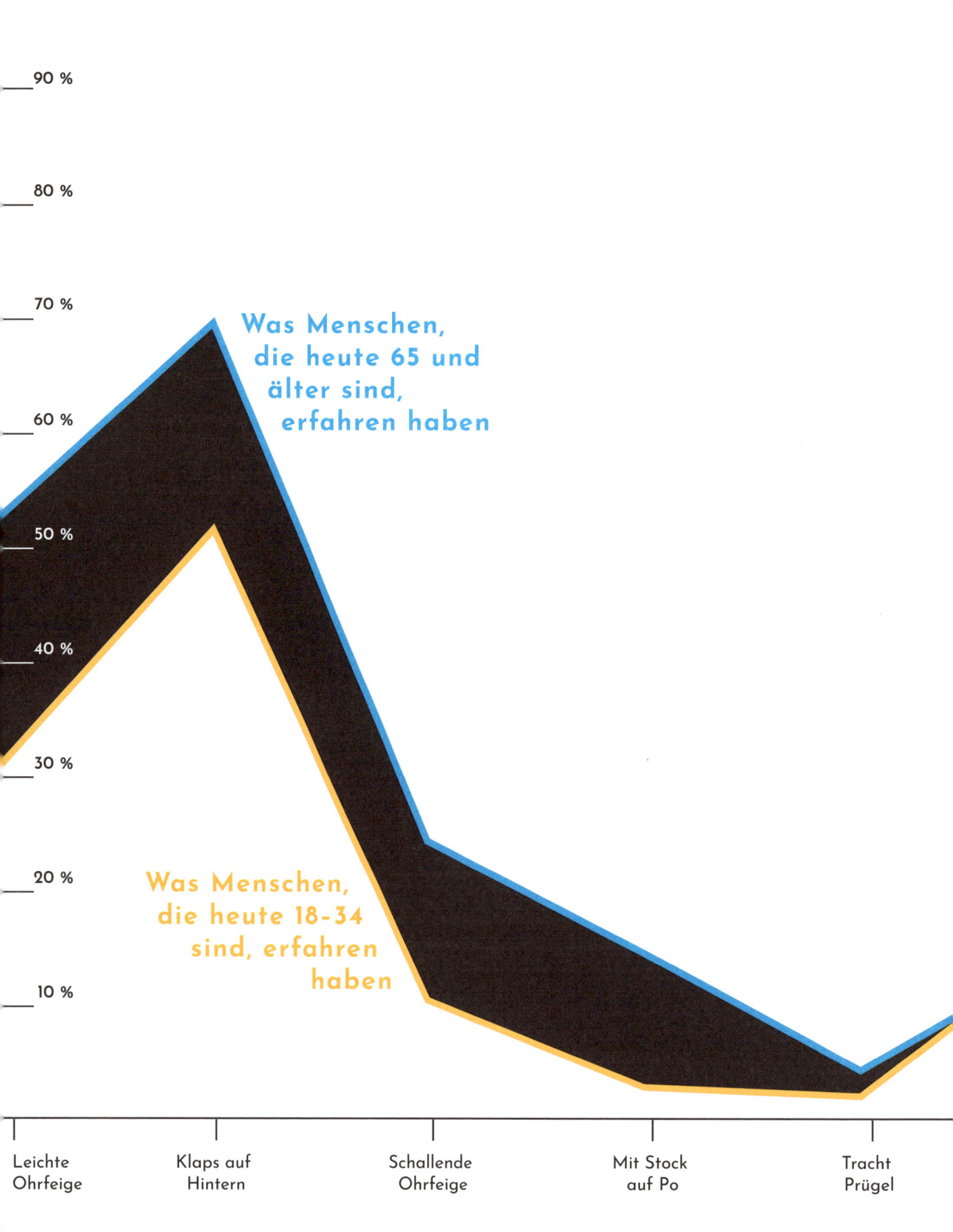

Wie sich das Strafen verändert hat

Kaum etwas hat die Erziehung so sehr verändert wie das Verbot körperlicher Züchtigung. Körperliche Bestrafung, seelische Verletzung und Entwürdigung von Kindern sind seit 20 Jahren in Deutschland verboten. Zwar fand den Klaps auf den Hintern 2016 noch immer die Hälfte der Erwachsenen in Ordnung, Eltern sogar etwas häufiger. Aber zehn Jahre zuvor waren es noch zwei Drittel. Das Gesetz verändert etwas. Das zeigt auch die Grafik: Je jünger man ist, desto seltener hat man körperliche Strafen erlebt. Heute bestrafen Eltern ihre Kinder vor allem ökonomisch, mit Kürzungen und Verboten.

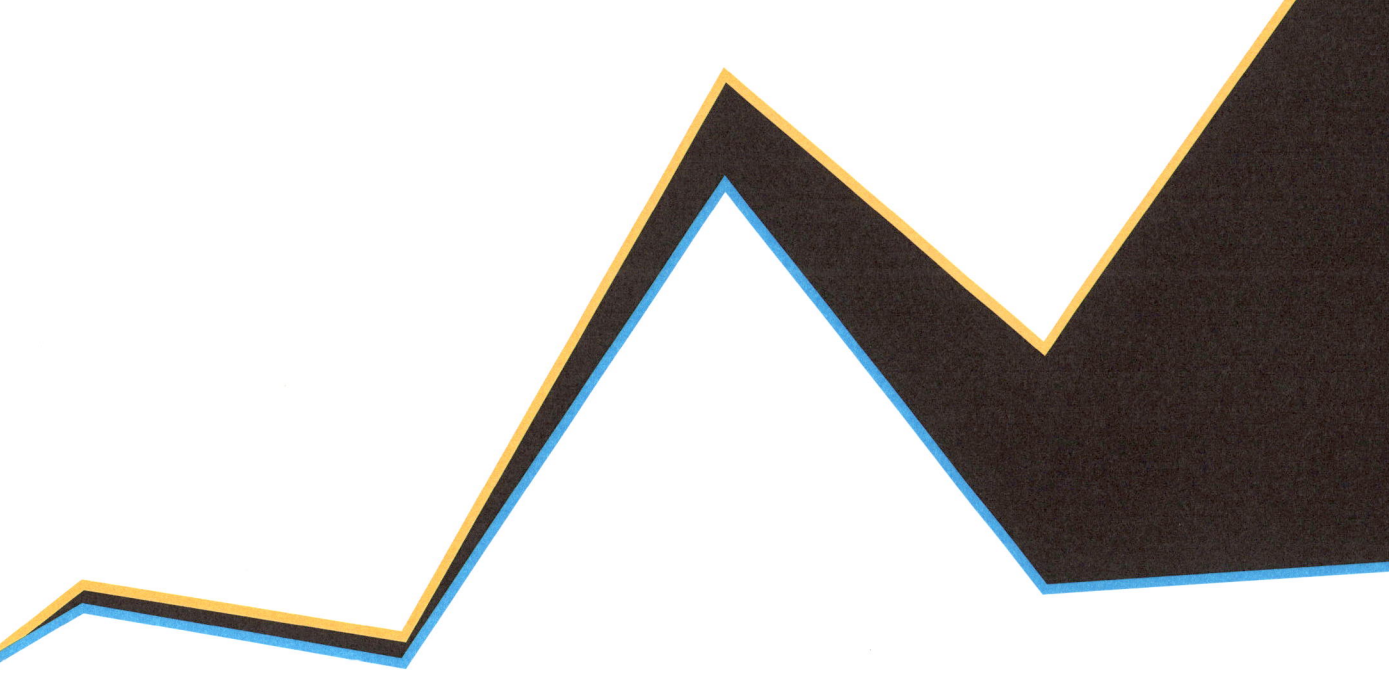

Sensibles Thema: Ist mein Kind hochsensibel?

Hochsensible sollen stärker auf Reize reagieren. Sie seien schneller überfordert, erleben aber intensiver. Diese Idee entwickelte 1997 die Psychologin Elaine Aron. Das Konzept machte eine erstaunliche Karriere. Das liegt womöglich auch daran, dass Hochsensibilität nicht als Störung, sondern als Temperament verstanden wird. Das kann man leichter akzeptieren. Die Wissenschaft hält nicht allzu viel davon. Es fehlten eine schlüssige Theorie und eine fundierte Diagnose. Stattdessen findet man Fragebögen im Netz, ob man zum Beispiel »ein reiches, vielschichtiges Innenleben« habe, ein guter Zuhörer sei oder ganz generell ein gewissenhafter Mensch. Das alles kann auf Hochsensibilität hindeuten.

1970　　　　　　　　　　1980　　　　　　　　　　1990

Verfügbare Bücher zum Thema Hochsensibiltät

(1 Erbse = 5 Bücher)

130

100

60

40

2000　　　　　　　2010　　　　　　　2020

Wen würden Kinder retten: einen Menschen oder zehn Hunde?

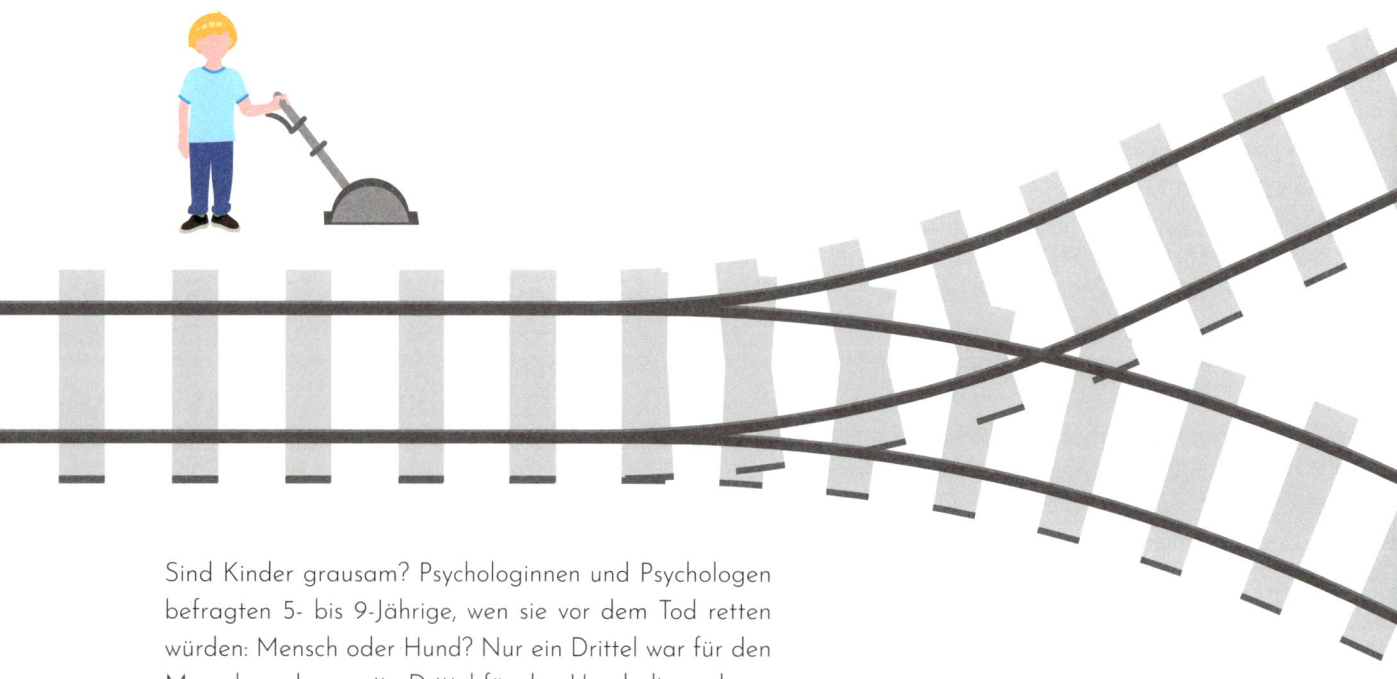

Sind Kinder grausam? Psychologinnen und Psychologen befragten 5- bis 9-Jährige, wen sie vor dem Tod retten würden: Mensch oder Hund? Nur ein Drittel war für den Menschen, das zweite Drittel für den Hund, die anderen waren unentschieden. Erwachsene entschieden sich zu 85 Prozent für den Menschen, immerhin. Mit steigender Hundezahl wurden die Altersunterschiede allerdings kleiner. 70 Prozent der Kinder würden eher hundert Hunde retten als einen Menschen, 60 Prozent der Erwachsenen den Menschen. Die Psychologen vermuten, dass die Entscheidung vor allem gelernt sei. Als Erwachsener weiß man einfach, dass ein Mensch zu bevorzugen ist. Aber solche Normen ändern sich. Ältere tendierten zum Beispiel stärker zum Menschen als zum Hund, was daran liegen könnte, dass jüngere Generationen die Rechte von Tieren höher werten – und deshalb auch häufiger Vegetarier sind.

Mensch retten
20 %

Unentschieden
20 %

Hunde retten
60 %

Was Kinder einmal werden wollen …

| 1. Polizist*in | 2. Tierärzt*in | 3. Pilot*in | 4. Lehrer*in | 5. Ärzt*in |

343 000 · 12 000 · 10 000 · 782 000 · 402 000

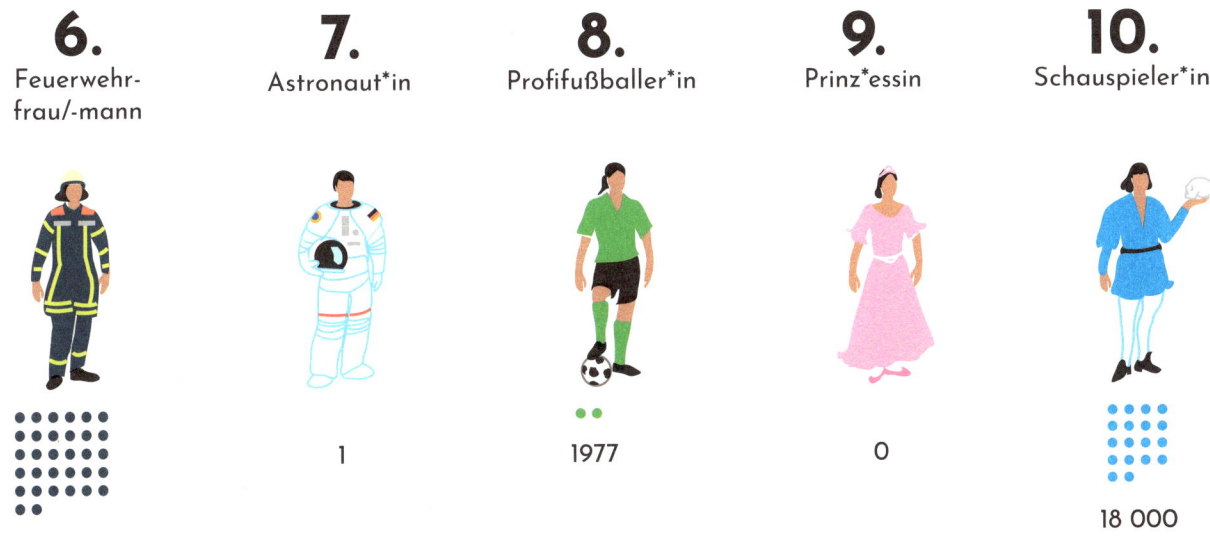

... und wie viele Stellen es dafür gibt

1 Punkt = 1000 Beschäftigte aktuell in Deutschland

In der Pubertät verändern sich nicht nur Körper und Stimmung, sondern auch die Freizeitaktivitäten: Nichtstun statt Lesen, Shoppen gehen statt selber Basteln, Ausgehen statt Musizieren. Das zeigt der Datenreport des Statistischen Bundesamts anhand von Befragungen. Verkümmern die Hobbys also? Nicht unbedingt. Man kann die Pubertät auch als Phase der Professionalisierung verstehen. Wer erkennt, dass anderen das Musikmachen mehr liegt, konzentriert sich auf die eigenen Talente.

1-2-mal die Woche Instrument spielen

80 %

60 %

40 %

20 %

10 Jahre   11 Jahre   12 Jahre   13 Jahre

Wann man das Musikmachen den Profis überlässt

Projektion

1-2-mal die Woche ausgehen

14 Jahre | 15 Jahre | 16 Jahre | 17 Jahre | 18 Jahre

Wo junge Musik herkommt

Musik in Deutschland kommt aus zwei Ländern: Deutschland und den USA. Ein bisschen England und Schweden noch. Die Karte zeigt, wo die meistgestreamten Musikerinnen und Musiker geboren wurden. Das muss nicht ihr Wirkungsort sein. Rapper Capital Bra ist in der Ukraine geboren, Farid Bang in der spanischen Exklave Melilla an der afrikanischen Küste. Beide sind in Deutschland aufgewachsen und machten hier Karriere. Würde man die Wohnorte angeben, wären die Punkte in wenigen Städten konzentriert.

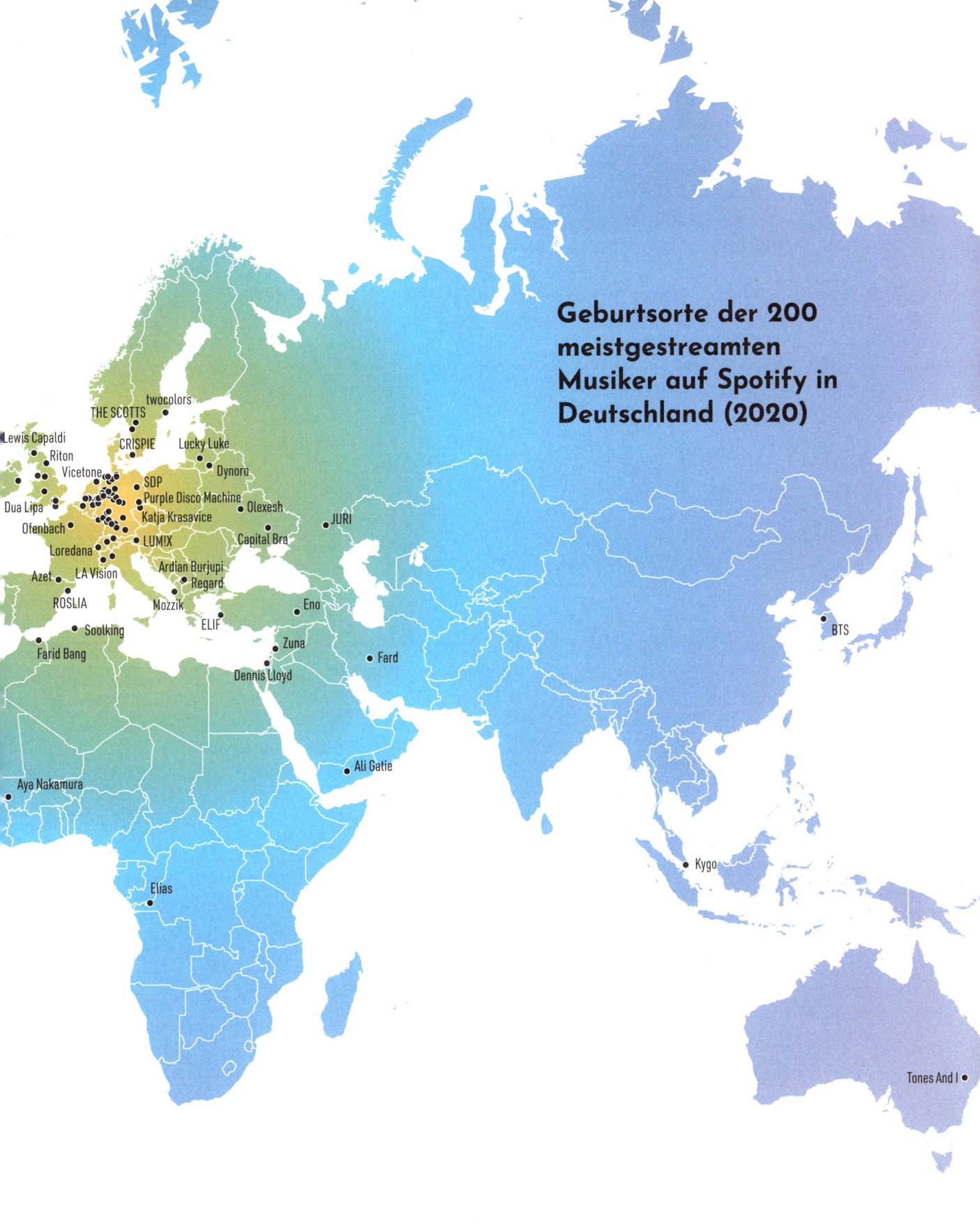

Fragen an Dr. Sommer

Es heißt, das Dr. Sommer-Team der Zeitschrift Bravo habe die deutsche Jugend aufgeklärt. Nicht immer optimal, aber es ging. Tausende Briefe mit Fragen zur Liebe und zur Sexualität sollen jede Woche bei der Redaktion eingegangen sein. Die wichtigsten (oder unterhaltsamsten) wurden im Heft beantwortet. Heute beginnt Aufklärung mit einer Frage im Suchfeld von YouTube oder Google. Nicht immer optimal, aber es geht. Die Fragen hier sind von Bravo.de und dürften zu dem passen, was Jugendliche heute googeln.

Wie sag ich, dass ich in sie/ihn verlie… · Was kann ich dagegen tun? · Wenn … geleierte Schamlippen von Selbstbe… · Hab ich die Pille zu spät genommen… pons? · Heimlich lesbisch!? · Wann ist … transsexuell? · Leide ich unter Porno… Füßen – wie geht das? · Wie ist das … ohne Rezept? · Soll man eigenes Sp… -größe – was ist normal? · Sex mit b… wann müssen Mädchen zum Frauena… klingt das perfekte Stöhnen? · Sieht … fernhäutchen und Tampons? · Bei w… weh? · Warum wird die Scheide nicht … gung trotz Beziehung – ist das okay? · Was guckt aus meiner Scheide raus? · Unterhose? · Sind Pornos wirklich sch… Treffen? · Wie sag ich ihr, dass ich m… Brustwarzen bei Kälte – ist das norm… Was heißt bisexuell lieben? · Wie lan… fotos sicher verschicken? · Dürfen El… ben – was jetzt? · Tampons über Na… Scheide?! · Ist vorher rausziehen sich… trotz Alkohol? · Oralsex: Warum sag… Verhüten mit vorher rausziehen? · Bl… Sex nicht in sie rein? · Wie kann ich … SB mit Karotte? · Jungfernhäutchen … ren – wie geht das? · Süchtig nach S… meinen Körper zu akzeptieren? · Wa… nervt von mir? · Mit Freund in die Ba… Sind Kondome sicher? · Körperbeha… zwei Kondome gleichzeitig sicherer? · ches Loch kommt der Tampon rein? · entspannt? · SB mit erotischen Gesc… ich Binden und Tampons kaufen? · W… man die letzte Periode hatte? · Sex-B… küsst – was hat das zu bedeuten? · W… über die Vorhaut? · Ist Ausfluss aus … wann ist Selbstbefriedigung okay? · fünf Minuten? · Wie mache ich ihn s… Orgasmus? · Penis riecht extrem: W… krebs-Impfung? · Läuft Sperma nach … Ist mein Penis zu klein? · Schwanger … größere Brüste – was kann ich tun? · Periode: Wann ist damit Schluss? · M… da? · Schwanger trotz Pille? · Macht … man Geschlechtskrankheit immer? · ein? · Schwanger werden, obwohl ma… ersten Mal? · Zu dickes Jungfernhäut… errechne ich meine Kondomgröße? · viel dunkler? · Wohin mit dem Sper… vielen Tagen ist die Pille sicher? · Ab … ich die Pille nehmen? · Zahnspange … mein Sperma aus, wenn ich oft onan… was jetzt? · Vorhaut dehnen statt be… ches Gleitgel ist wofür geeignet? · W… Ab wann darf man Sex haben? · Zu … Schwanger durch Sperma im Badew… Kondome kaufen? · Ich werde beim … meisten Kalorien? · Wie benutzt ma… ab wann? · Wie wachsen meine Brüs…

Selbstbetriedigung mit elektrischer Zahnbürste? · Zu schnell kommen · eine Tage hab' – wie lange dauern die dann? · Schwanger ohne Sex? · Ausigung? · Wo kauft man am besten Kondome? · Was, wenn eine Pille fehlt? · lle ohne Erlaubnis der Eltern? · Wie geht »Fingern«? · Verhütung mit Tam zusammen? · Lust auf Sex, aber keinen Partner – was jetzt? · Was bedeutet ? · Auf welche Sexstellung stehen Jungs am meisten? · Orgasmus mit der Mädchen, geleckt zu werden? · Wie mach ich ihr öfter Lust auf Sex? · Pille probieren? · Warum erregt mich Brüste küssen nicht? · Penisumfang und n Freund: Spricht was dagegen? · Kondome unter Wasser: Geht das? · Ab Breitere Oberschenkel – und jetzt? · Gucken Mädchen auch Pornos? · Wie Arzt, wenn ich mich selbstbefriedige? · Sicherer Sex ohne Kondom? · Jung r Sexstellung kommen Jungs am schnellsten? · Hilft Sperma gegen Hals ht? · Was bedeutet bi und hetero? · Schwanger trotz Pille? · Selbstbefriedi und mit 12 Jahren – wie sag ich es meiner Mum? · Schwanger trotz Periode s kann ich gegen Ausfluss machen? · Was sind die braunen Flecken in de ? · Wie bekomme ich schnell einen Freund? · Wie frage ich ihn nach einem schlafen will? · Reden beim Sex? · Wie benutze ich einen Vibrator? · Harte Wie muss Sperma aussehen? · Was tun, wenn's beim Sex so richtig wehtut f ich mit 14 weg? · Reicht die Pille als Verhütung? · Wie die eigenen Nackt Freund/in verbieten? · Sicher in der Pillenpause? · Kondom stecken geblie · Was passiert beim Frauenarzt? · Was ist das für ein Knubbel in meine Tampons nur während der Regel? · Wie schmeckt Sperma? · Wirkt die Pille n dazu Blasen? · Jungfernhäutchen gerissen – wie kann ich es erkennen? es doll beim ersten Mal? · War das ein Orgasmus? · Warum komm ich beim ral befriedigen? · Wie geht Blasen? · Ich will nur Sex – wie sag ich es ihm n lassen? · Wie viel Blut verliert man während der Regel? · Kitzler stimulie befriedigung? · Wie frag ich ein Girl nach Oralsex? · Wie kann ich lernen wenn der Penis schlapp macht? · Baden während der Periode? · Ist er ge anne? · SB in der Öffentlichkeit? · Ist beim Freund auf Klo gehen peinlich g – was wächst wann und wo? · Hämorrhoiden auch bei Mädchen? · Sind rum hab ich feuchte Träume? · Wann kann ich schwanger werden? · In wel st mein Kitzler? · Großer Penis ein Problem? · Nackt baden – peinlich oder en? · Was macht der Arzt, wenn ich die Pille will? · Ab welchem Alter darf bekomme ich einen Vibrator? · Ist es schlimm, wenn man nicht weiß, wann nung mit 14 Jahren? · Übelkeit nach Sex – bin ich schwanger? · Im Traum ge fährlich ist Analsex? · Wie hole ich ihm einen runter? · Kommt das Kondom cheide normal? · Warum ist sein Sperma plötzlich ganz durchsichtig? · Ab r im Hoden? · Was ist Petting? · Wie mach ich, dass Sex länger dauert als gut mich? · Wann schadet mir Selbstbefriedigung? · Wie merke ich ihrer n? · Was kann ich beim Sex falsch machen? · Sex ohne Gebärmutterhals n Sex immer aus der Scheide? · SB: Wie komm ich schnell zum Orgasmus? Analsex? · Verfälscht die Pille den Schwangerschaftstest? · Ich will endlich mm oder gerade? Was ist beim Penis normal? · Schwanger trotz Kondom reund will nie kuscheln – was jetzt? · Jugenduntersuchung J1 – was passier ille einen größeren Busen? · Sind 11 Zentimeter Penislänge zu klein? · Merkt ich zwei Jungs gleichzeitig daten? · Wie führe ich einen Tampon richtig ine Tage hat? · Vorhautbändchen gerissen – was jetzt? · Rasieren vor dem ? · Schwanger von Oralsex? · Sind verschieden große Brüste schlimm? · Wie soll ich bei Fremdgegangen machen? · Warum ist die Hautfarbe vom Penis eim Petting? · Meine Brüste tun so weh – was hilft dagegen? · Nach wie n brauche ich einen BH? · Intimgeruch – was hilft dagegen? · Ab wann darf Zungenkuss – ein Problem? · Warum tat mein erstes Mal nicht weh? · Geht · Wo bekomme ich Gleitgel? · Herpes vom Oralverkehr? · Pille vergessen – eiden! Geht das? · Wie geht ein Zungenkuss? · Wie küsse ich besser? · Wel ieg ich die Pille auch ohne die Eltern? · Mit wie vielen Jahren hat man Sex perma? · Erster Kuss! Wie soll ich es machen? · Wie funktioniert ein Dreier ? · Wie muss ich die Pille richtig einnehmen? · Ab welchem Alter darf man n feucht – was hilft dagegen? · Bei welcher Sexstellung verbrennt man die itgel? · Sex im Urlaub: wo, ab wann und mit wem? · Schwangerschaftstest hneller?

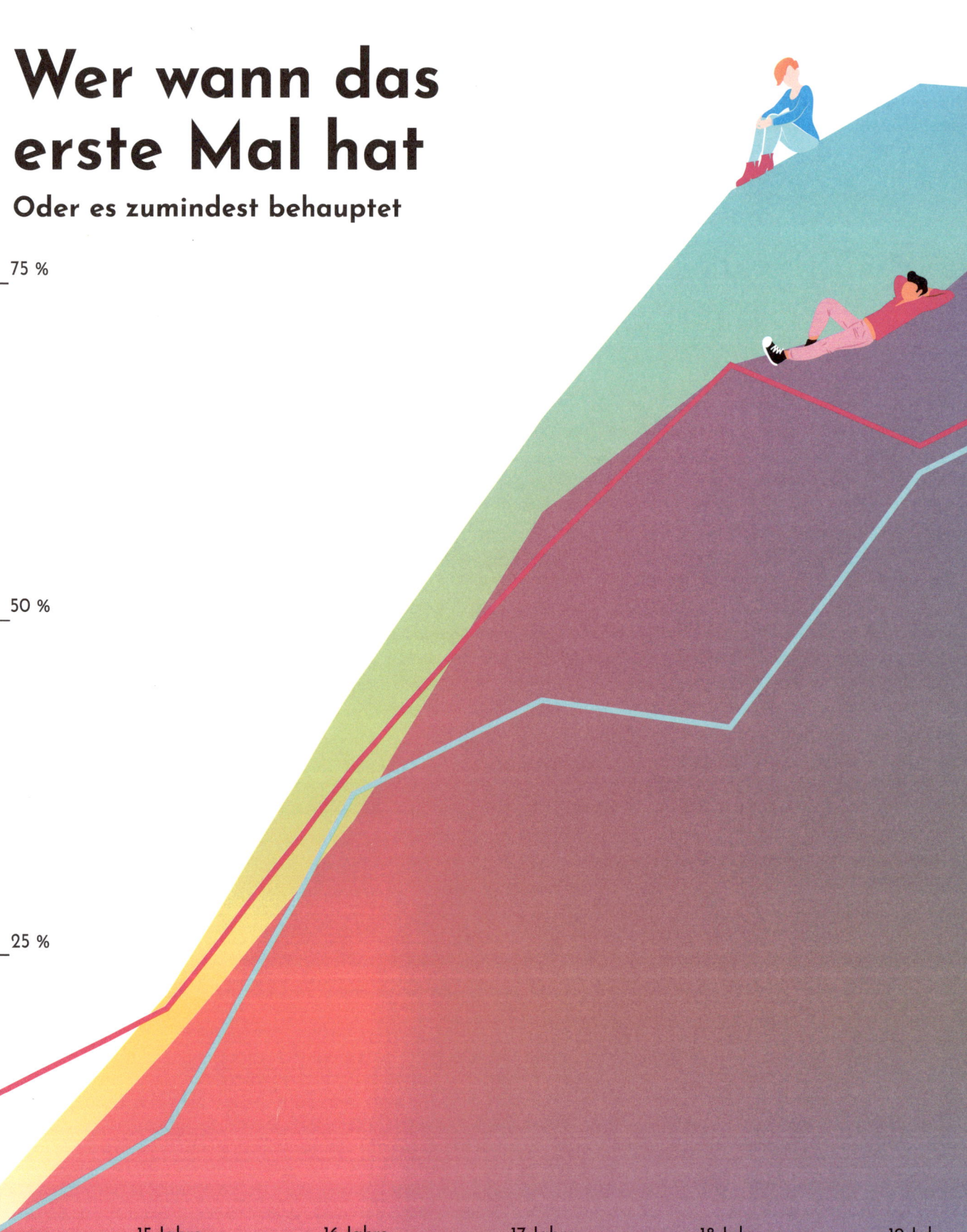

Mädchen mit deutscher Herkunft

Jungen mit deutscher Herkunft

Jungen mit Migrationshintergrund

Mädchen mit Migrationshintergrund

Wird die Gesellschaft immer sexualisierter? Immer früher, immer mehr? Die Daten sagen nein. Junge Leute warten heute länger mit dem ersten Mal. Womöglich, weil sie ihre Sexualität selbstbestimmter ausleben. In den neunziger Jahren sagte noch ein Drittel, dass das erste Mal völlig unerwartet passiert sei. Heute sind es nur noch halb so viele. Auch wird heute beim ersten Mal fast immer verhütet, und es findet meist in einer festen Beziehung statt. Junge Frauen mit Migrationshintergrund, die länger mit dem ersten Mal warten, könnte man also auch als Trendsetterinnen sehen. Sie geben häufiger an, auf den richtigen Partner oder gar die Ehe zu warten (wenn auch teils aus Angst vor den Eltern). Die Kurven schwanken übrigens so stark, weil in jeder Altersgruppe andere Leute befragt wurden.

| 20 Jahre | 21 Jahre | 22 Jahre | 23 Jahre | 24 Jahre |

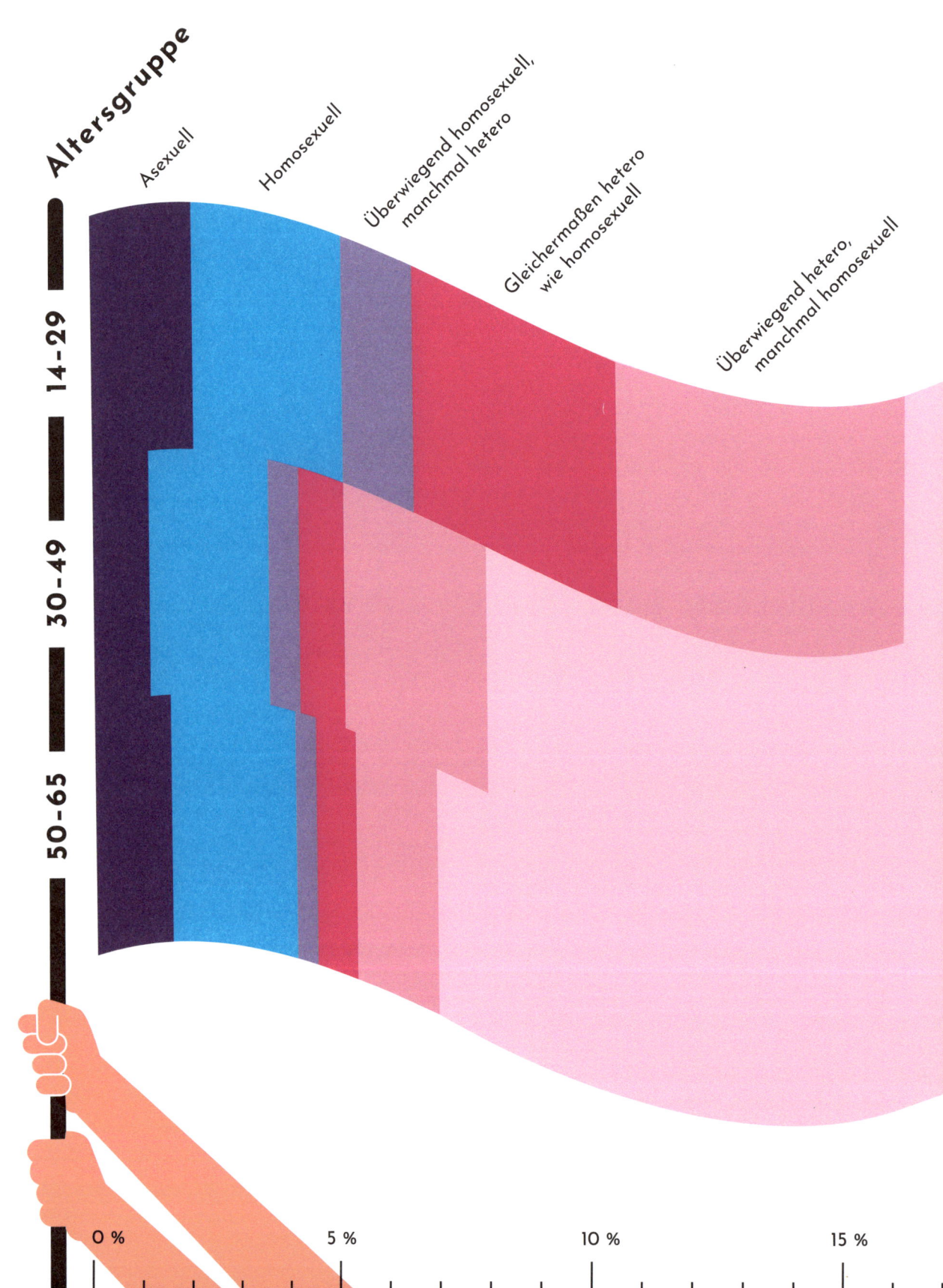

Wie identifizierst du dich sexuell?

Heterosexuell

Etwas scheint sich derzeit zu verändern: Während der Anteil Homosexueller über alle Altersgruppen ungefähr gleich ist, ist unter Jungen der Anteil derer, die sich als irgendetwas zwischen hetero- und homosexuell identifizieren, sehr viel größer geworden. Die Zahlen kommen aus einer europäischen Online-Erhebung. Kann man ihnen trauen? Plausibel ist, dass sie zu niedrig sind. Denn warum sollte man sich einem Umfrageinstitut gegenüber outen, wenn man es sonst bei kaum jemandem tut (siehe S. 84)? So identifizierten sich in Deutschland 7 Prozent als LGBTQ. In Ungarn waren es nur 1,5. 12 Prozent wollten gar keine Angaben machen und 4 Prozent fanden sich in keiner Antwortmöglichkeit wieder.

20 %   25 %   30 %   35 %

Anteil der Menschen, die in den letzten 12 Monaten Opfer von Körperverletzung wurden (2017)

15 %

10 %

5 %

davon vorurteilsgetrieben (sozialer Status, Herkunft, Geschlecht u.a.)

16-24 Jahre   25-34 Jahre   35-44 Jahre

Wer wann Opfer von Körperverletzung wird

Gewalt hinterlässt Spuren, oft ein Leben lang. Von tausend jungen Menschen sagen 150, dass sie in den letzten 12 Monaten Opfer von Körperverletzungen wurden. Doch nur jede dritte wird auch angezeigt. Rund die Hälfte der Opfer geht davon aus, dass die Tat durch ein Vorurteil getrieben war: sozialer Status, Herkunft, Geschlecht, Alter, politische Ansicht, Hautfarbe, Religion, sexuelle Orientierung oder Behinderung. Ob das die Täter auch so sahen, weiß man nicht – macht für die Opfer aber auch keinen Unterschied.

45-54 Jahre 55-64 Jahre 65-74 Jahre 75+ Jahre

Wie komme ich am leichtesten zu den Olympischen Spielen?

Curling
20

Bob/Schlitten
34

Eisschnelllauf
46

Eishockey
302

Rudern
436

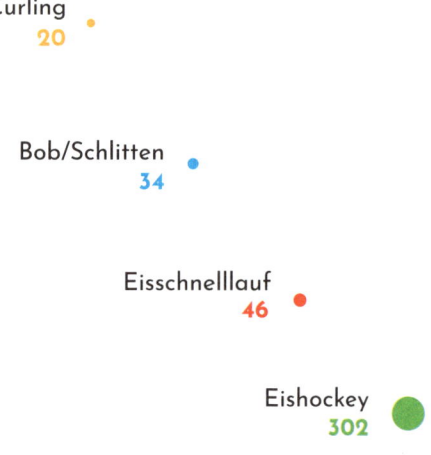

Der Vergleich ist etwas unfair. Wir zeigen, gegen wie viele Vereinsmitglieder man sich in Deutschland durchsetzen muss, wenn man zu Olympia will. Sportarten mit vielen Amateuren wirken dadurch vielleicht härter, als sie sind. Dennoch zeigen die Zahlen, dass Sport auf dem Wasser, Schnee oder Eis Konkurrenz fernhält. Es hat nicht jeder einen See oder Berg um die Ecke. Und Boote oder Skier muss man sich leisten können. Natürlich gibt es noch andere Abkürzungen zu den Olympischen Spielen. Kleinere Länder haben verhältnismäßig mehr Plätze. In Teams kann man schwache Leistung leichter verstecken. Als Steuermann auf einem Ruderboot zum Beispiel muss man vor allem leicht sein. Ist aber auch nicht leicht.

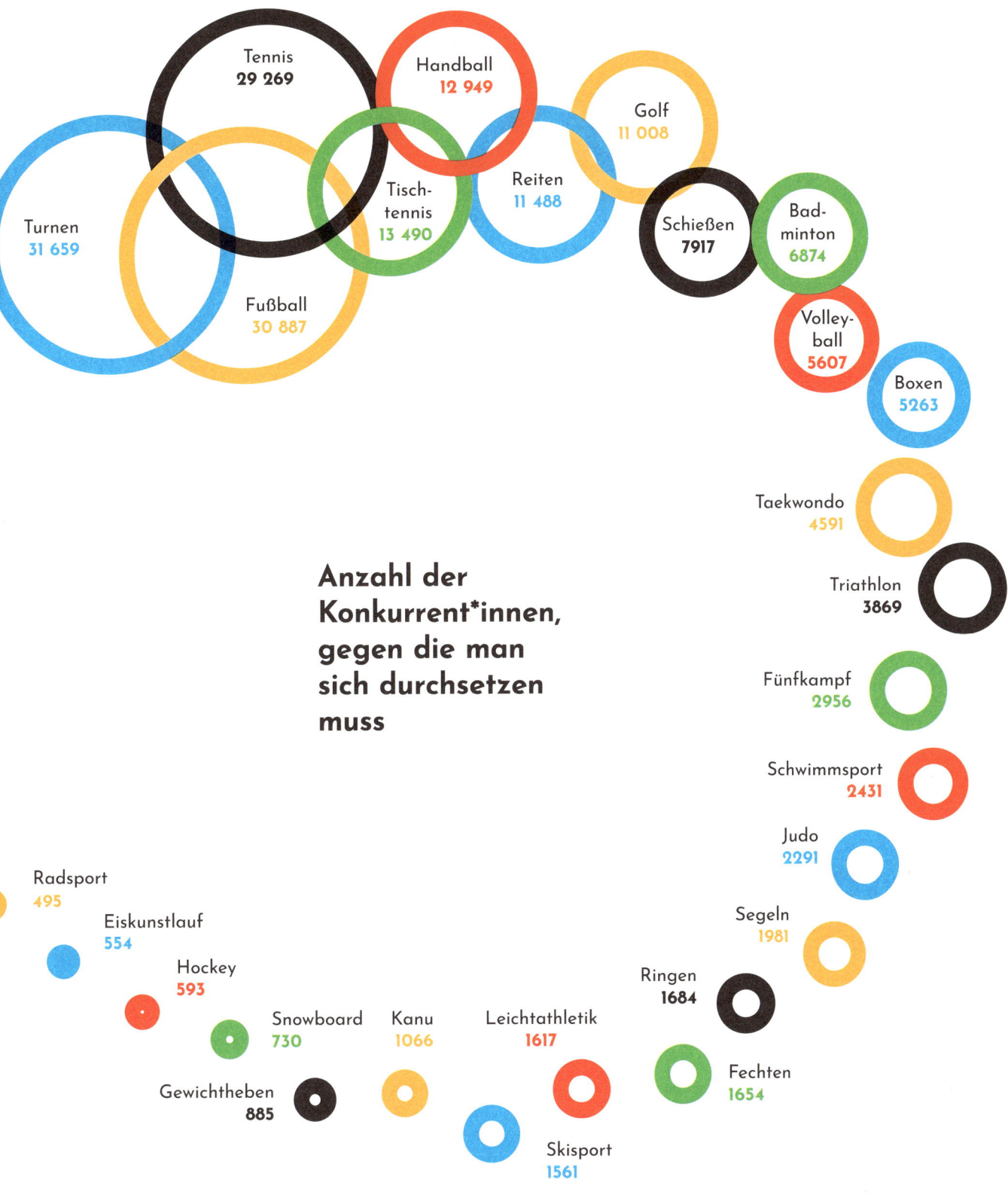

Wo Backpacker die Welt entdecken

Instagram-Fotos mit Hashtag #backpacker

San Francisco
New York
Los Angeles
Machu Picchu
Rio de Janeiro / São Paolo

Backpacken ist wie Pilgern, bloß ohne Religion: losziehen, Altes ablegen, Neues erfahren und zurückkehren als anderer Mensch. Backpacken gehört zur Mittelschichtsbiographie wie Pilgern zur religiösen Erweckung (siehe auch S. 142). Nur dass man als Backpacker nicht von Gott getragen wird, sondern einer Auslandskrankenversicherung, dem Rückflugticket und einem grenzenlosen Pass. In den sechziger Jahren waren es Indien, Afghanistan, Pakistan und Nepal, wo Hippie-Aussteiger nach neuen Lebenswegen suchten. Dann wurden Flüge billig und Thailand das neue Indien. Anders als Pilger sind Backpacker flexibel.

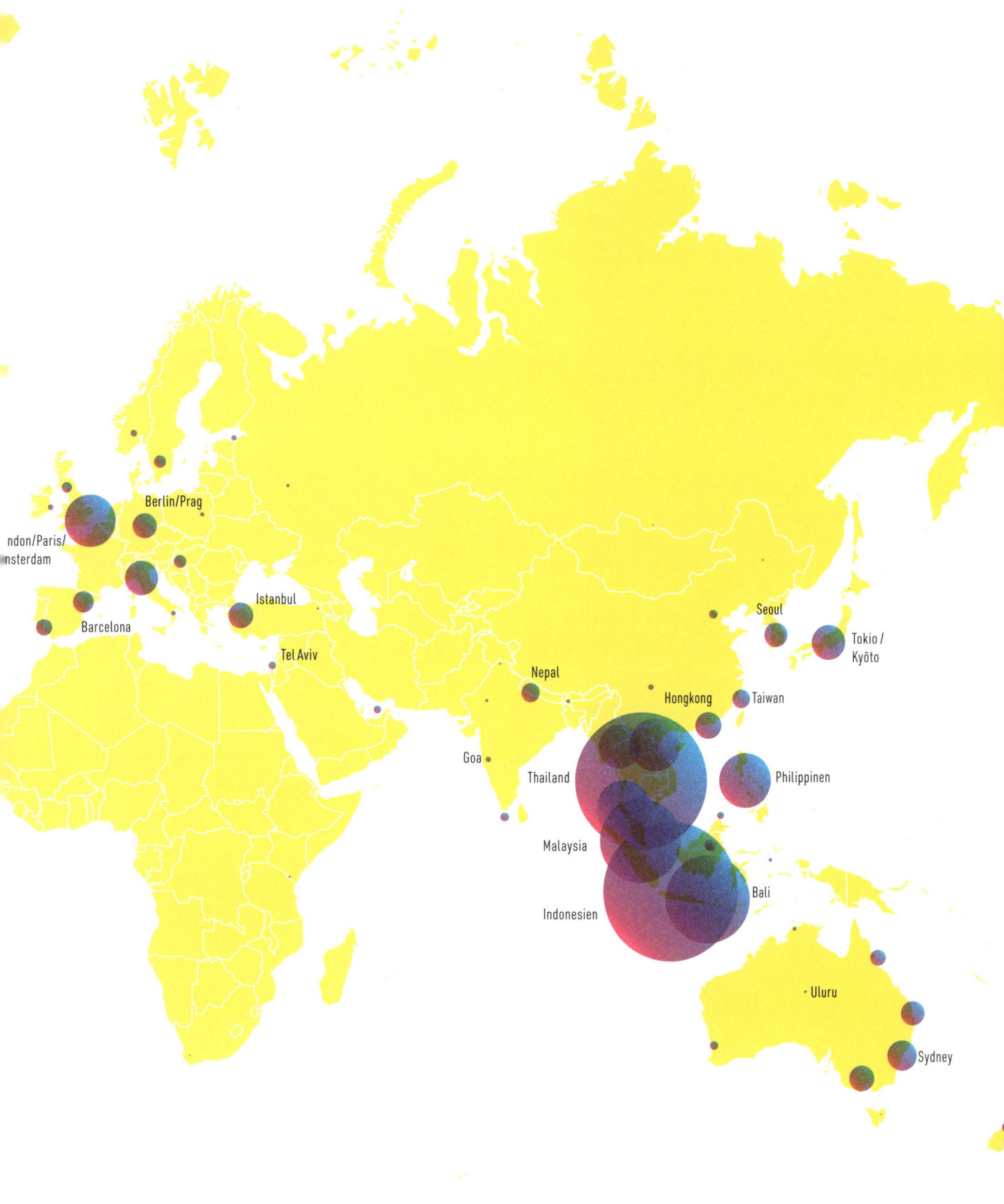

Wann Shishas Chips zum Chillen abgelöst haben

Wie man sich zurücklehnt und zusammensitzt, ist auch ein Stück Identität. Kartoffelchips, das war lange ein Hauch von Amerika in deutschen Wohnzimmern. Mit immer neuen Sorten – 700 zählt die Marktforschung heute – versuchen Hersteller, immer neue Welten in die Wohnzimmer zu bringen und den Markt anzukurbeln: Rosmarin wie aus der Provence, Essig wie in England oder Curry, das an Indien erinnern soll. Aber letztlich sind es halt doch nur mit viel Gewürz genießbar gemachte Kartoffeln. Der Chips-Umsatz stagniert. Überholt wurde er mittlerweile sogar vom boomenden Shisha-Tabak. Natürlich sind auch Shishas mehr als nur gewürzter Rauch und Zigarettenersatz, nämlich ein Stück Identität.

Kartoffelchips (Schätzung)

2006   2008   2010

Wer an Sex zu dritt interessiert ist

Und in welcher Konstellation

Sex verändert sich. Die Ehe verliert an Bedeutung und sexuelle Identität wird vielfältiger (siehe S. 56). Fast alle träumen von Sex zu dritt. 10 bis 20 Prozent sollen damit Erfahrung haben. Doch vor allem für Frauen ist der gemischte Dreier stigmatisiert. Die Umfrage der Psychologin Ashley Thompson ist zwar nicht repräsentativ, aber aufschlussreich. 80 Prozent der Befragten zeigten zumindest Offenheit, Sex zu dritt auszuprobieren; am ehesten mit Bekannten, weniger mit Freunden oder Fremden. Wer jedoch einer sexuellen Minorität angehört, hatte ein größeres Interesse und doppelt so häufig Erfahrung mit gemischtem Geschlechtsverkehr zu dritt. Möglicher Grund: Wer schon stigmatisiert ist, braucht sich um Stigmas weniger zu kümmern. Aber war der Dreier auch gut? 4,7 von 7 Punkten bekam er im Schnitt von denen, die damit Erfahrung hatten. Begeisterung klingt anders.

Frau-Frau-Mann

Heterosexuell — Sexuelle Minorität

Alter von Frauen und Männern beim ersten Mal

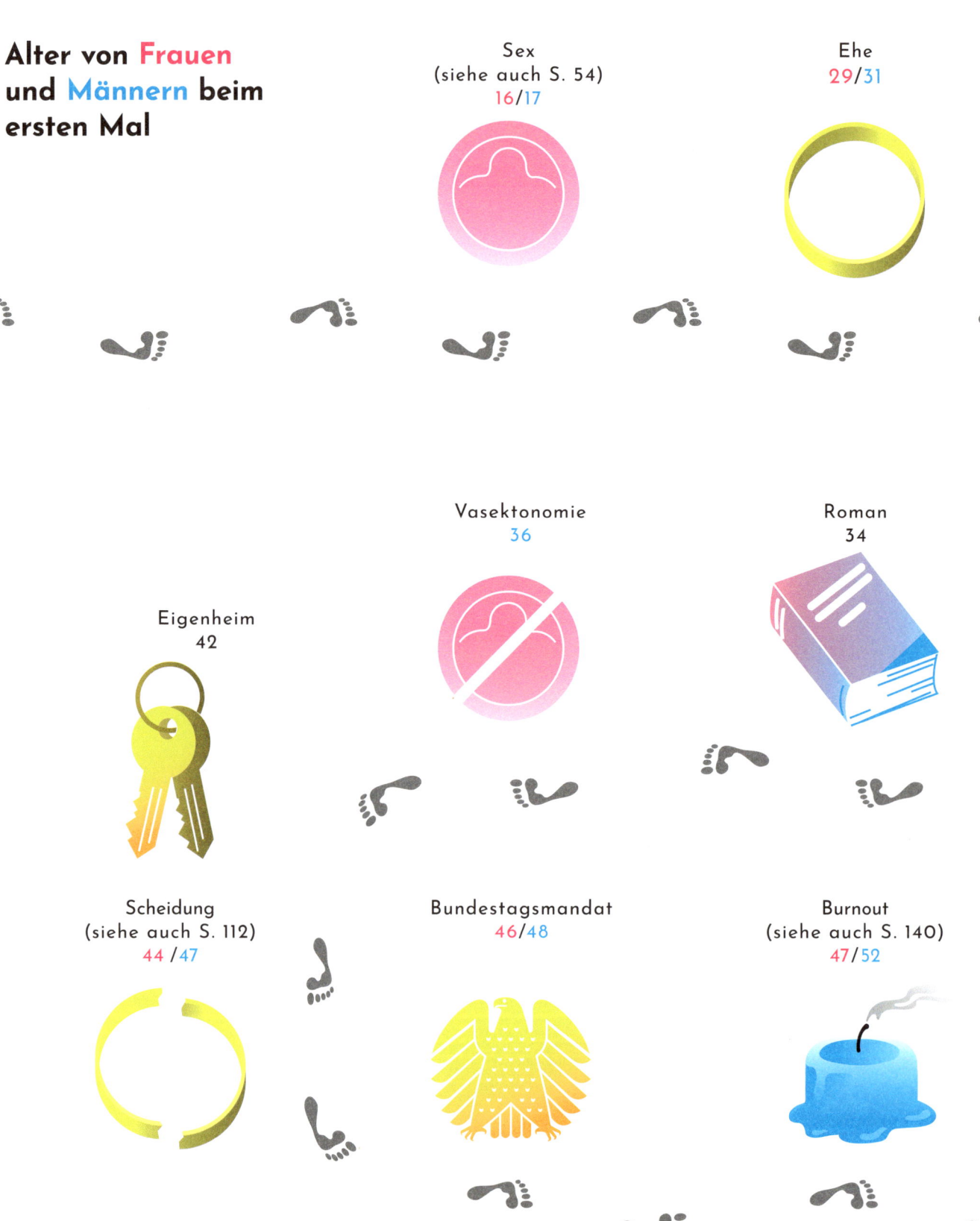

Sex
(siehe auch S. 54)
16/17

Ehe
29/31

Eigenheim
42

Vasektomie
36

Roman
34

Scheidung
(siehe auch S. 112)
44/47

Bundestagsmandat
46/48

Burnout
(siehe auch S. 140)
47/52

Wann man was im Leben zum ersten Mal macht

Kind
29/32

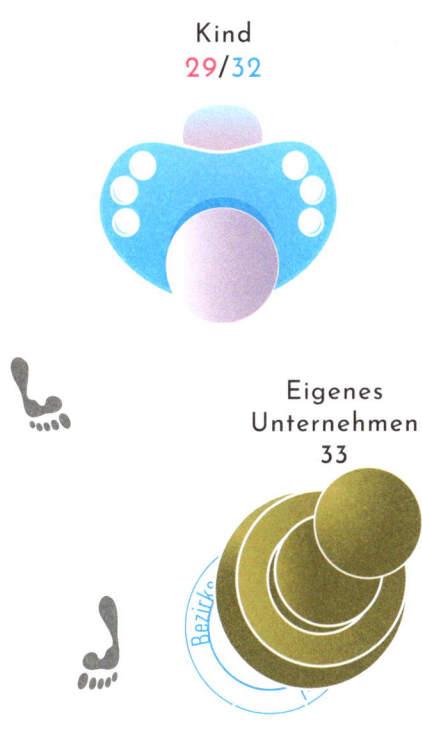

Eigenes Unternehmen
33

Augenlider straffen
53/57

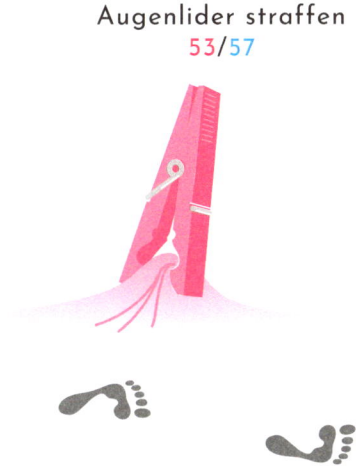

Kreuzfahrt
(siehe auch S. 186)
ca. 60

Nobelpreis
(siehe auch S. 138)
67

Das Leben in Montagen

1 Kaffeetasse = 1 Montag

Lebensjahr

10

20

30

40

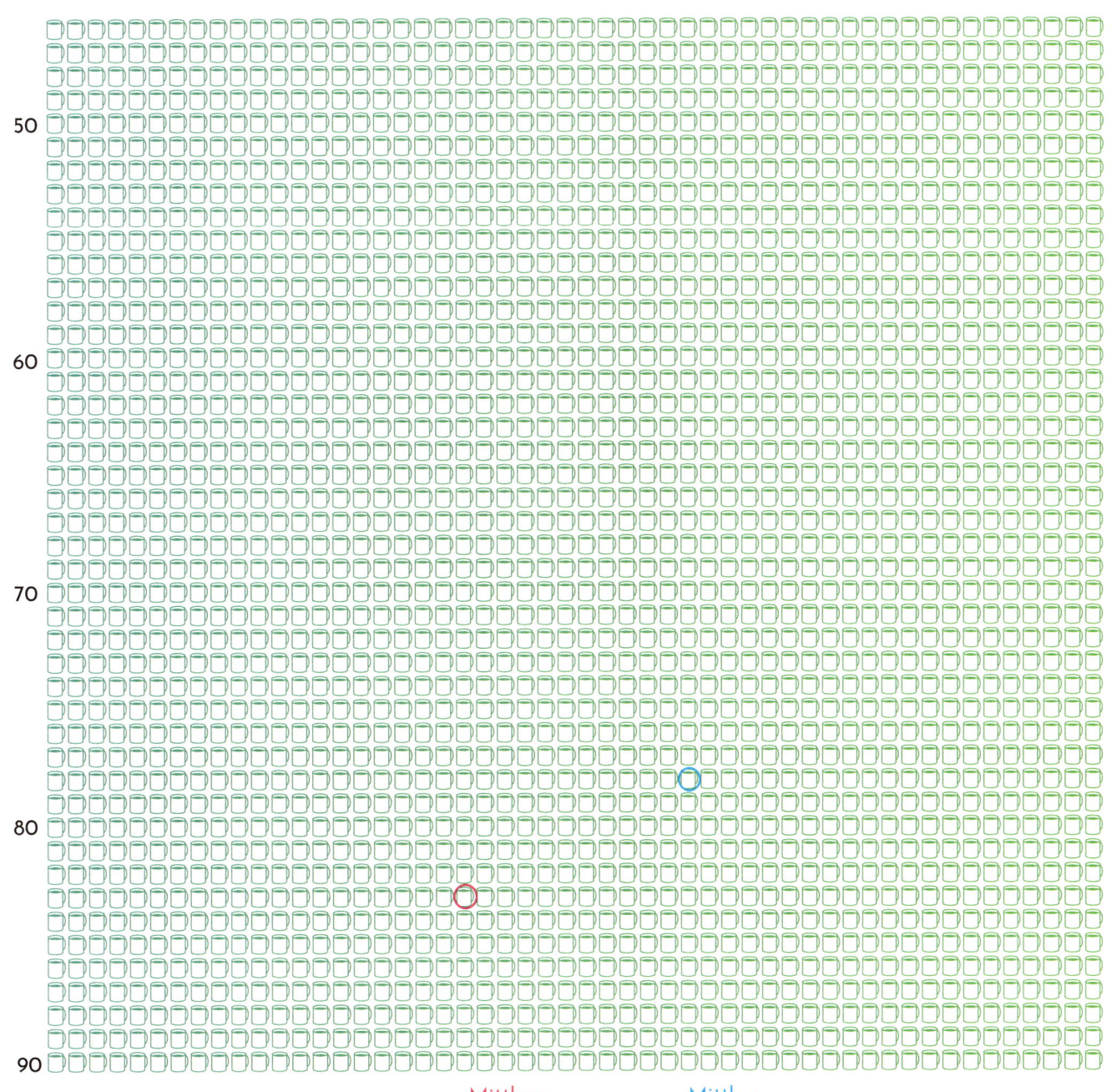

Was Menschen im Leben bereuen

Es ist ein Paradox der Psychologie, dass man häufiger verpasste Chancen als Dinge bereut, die man getan hat. Auch quält einen Verpasstes länger und mehr. Eine Erklärung dafür ist, dass man Fehler versuchen kann, wiedergutzumachen. Was man hingegen nicht getan hat, löst weder Wut noch Schuldgefühle aus. Es nagt einfach ständig an einem. Meist geht es dabei um Bildung, Karriere, Beziehung oder Elternschaft. Die beiden Zahlen hier kommen von der Universität Durham, aus einer Befragung älterer Menschen, die auf ihr Leben zurückblicken. Sie bereuten vor allem Dinge, die sie in jungen Jahren getan hatten – oder eben verpasst.

46 %
Dinge, die man nicht getan hat

Schüler*innen

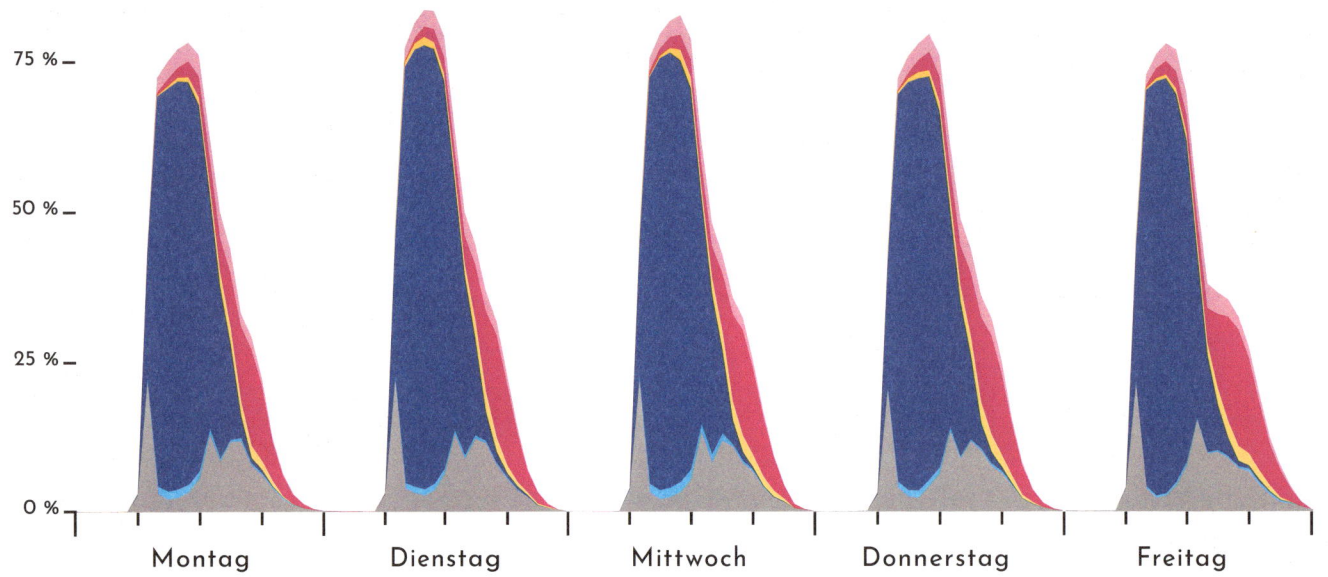

Student*innen

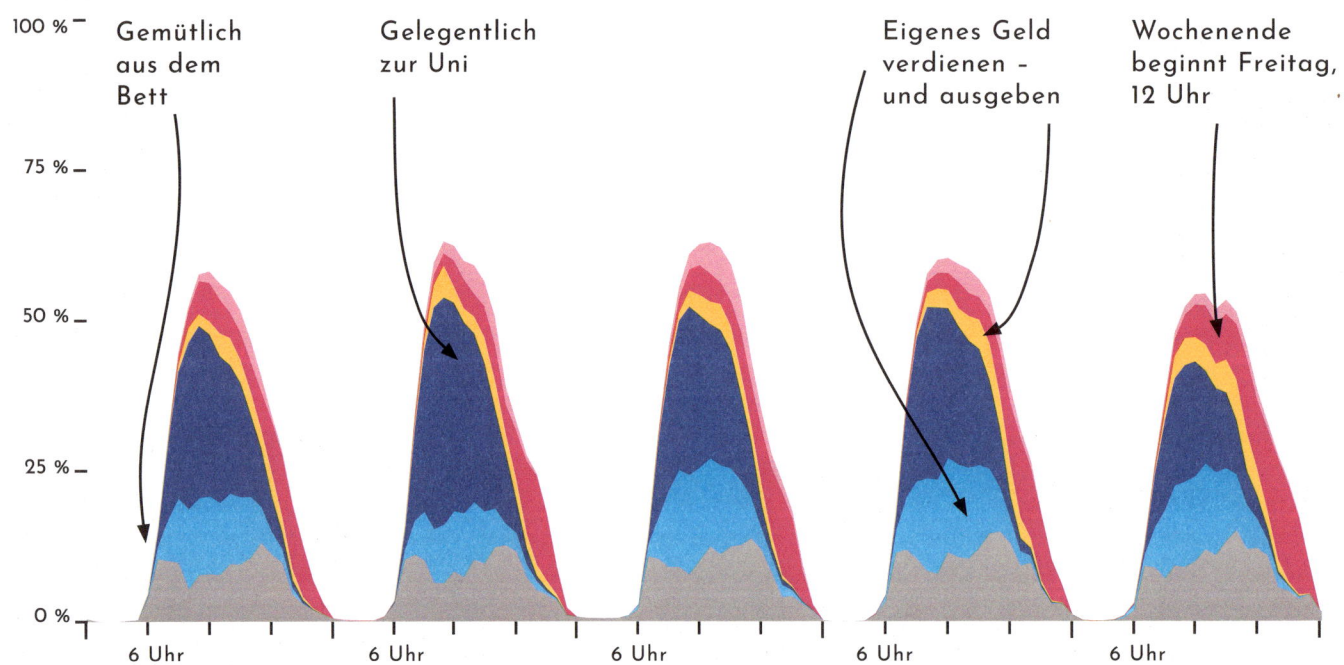

- Gemütlich aus dem Bett
- Gelegentlich zur Uni
- Eigenes Geld verdienen – und ausgeben
- Wochenende beginnt Freitag, 12 Uhr

Wie sich die Woche verändert, wenn man zu studieren beginnt

Wie viele wann nicht zu Hause sind

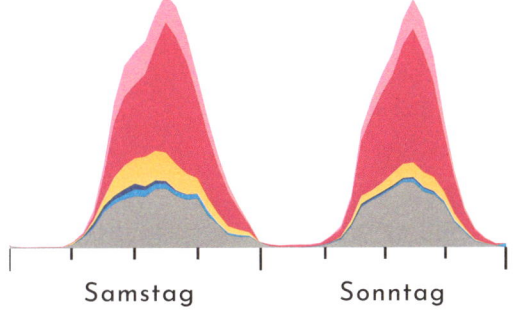

Samstag Sonntag

- Freizeitaktivitäten
- Einkaufen
- Uni/Schule
- Auf Arbeit
- Unterwegs
- Sonstiges

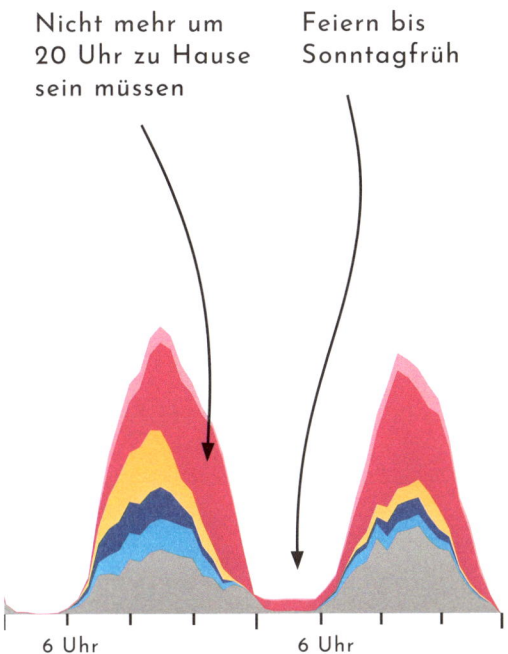

Nicht mehr um 20 Uhr zu Hause sein müssen

Feiern bis Sonntagfrüh

6 Uhr 6 Uhr

Lesebeispiel: 70 Prozent der Schüler*innen sind unter der Woche vormittags in der Schule (andere haben frei, sind krank o.ä.). Die Flächen sind gestapelt. Die Daten kommen aus einer Erhebung des Bundesverkehrsministeriums.

20-29-Jährige, die langzeitarbeitslos sind (2018)

— 20 %

Wer wann von zu Hause auszieht

Und was das mit Gleichstellung zu tun hat

— 15 %

Mit 18 leben über 90 Prozent der deutschen Jugendlichen noch bei ihren Eltern. Dann beginnt der Exodus. Mit 22 sind es noch die Hälfte, mit 30 nicht einmal mehr ein Zehntel. Doch Ausziehen muss man sich leisten können. Wo es jungen Leuten ökonomisch besser geht – eine niedrige Jugendarbeitslosigkeit ist ein Indikator dafür –, zieht man früher aus. Warum aber sind die jungen Schweden schneller als die Schweizer? Grund sind wahrscheinlich die Schweizer Männer. Je früher in einem Land die Jungen ausziehen, desto kleiner ist die Differenz zwischen den Geschlechtern. In der Schweiz lassen sich die jungen Männer ein bis zwei Jahre länger von ihren Eltern – wahrscheinlich den Müttern – aushalten, als ihre Schwestern. In Kroatien beträgt der Unterschied sogar fast vier Jahre.

— 10 %

— 5 %

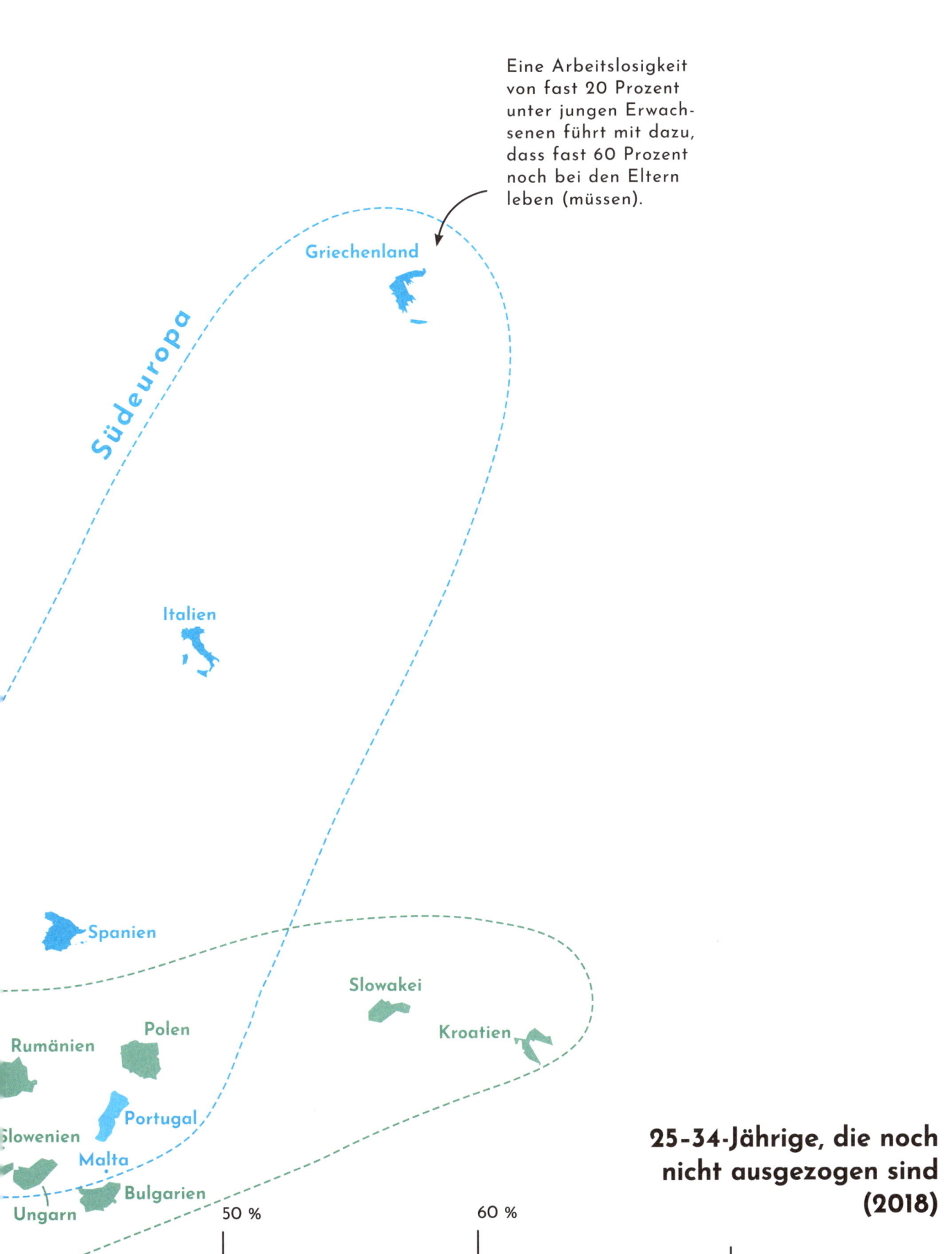

Monatliche Telefonkontakte

Männer

Frauen

Um zu sehen, wie sich soziale Netzwerke im Laufe des Lebens verändern, werteten Wissenschaftler der Universitäten Aalto und Oxford Millionen Handyanrufe aus (mit Daten von 2007, als man noch häufiger telefonierte). Offenbar hat man mit 25 die meisten Telefonkontakte. Klar: viel Feiern, viel Freizeit, viele Freunde. Aus anderen Studien weiß man, dass alte Freundschaften oft nach der Heirat auseinander gehen und man sich stattdessen mit Arbeitskollegen oder anderen Eltern anfreundet. Die Unterschiede zwischen Männern und Frauen erklären sich die Wissenschaftler damit, dass Frauen in jungen Jahren stärker unter Druck sind, Beruf und Familie zu organisieren, während die Männer Zeit für Freunde haben. Später halten die Frauen das soziale Netzwerk der Familie zusammen.

Wann wir die meisten Freunde haben

| 60 Jahre | 70 Jahre | 80 Jahre | 90 Jahre |

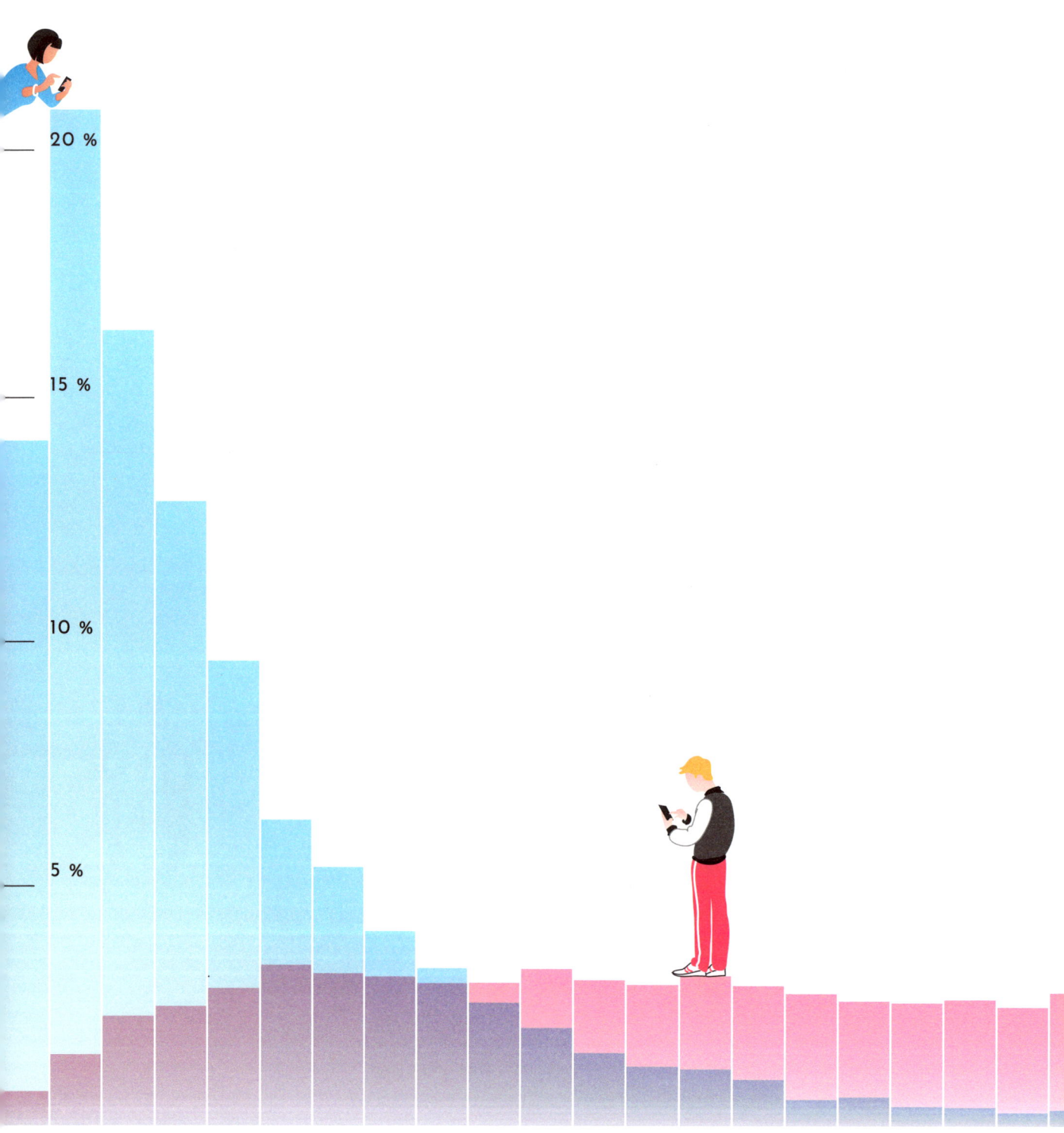

Wie Frauen und Männer tindern

Warum es so kompliziert ist, dass Frauen und Männer sich kennenlernen? Diese Daten einer Dating-App zeigen es. Männer lassen im Schnitt jeden zweiten Kontakt zu, Frauen nur jeden zehnten. Benutzen Frauen die App zum ersten Mal, sind sie noch etwas offener, beobachtet der Ökonom Florian Schaffner, der die Daten analysierte. Doch sobald sie realisieren, dass Männer wahllos Kontakte annehmen, werden sie selektiver – was wiederum die Männer motiviert, noch wahlloser zu werden. Es könnten also alle profitieren, wenn die Männer selektiver würden. Aber es lohnt sich halt, diese Abmachung zu brechen.

7 Prozent der Männer nehmen alle möglichen Kontakte an.

Nehmen die Hälfte an　　　　　　　　　　　　　　　　**Nehmen alle an**

Wer auf welches Alter steht

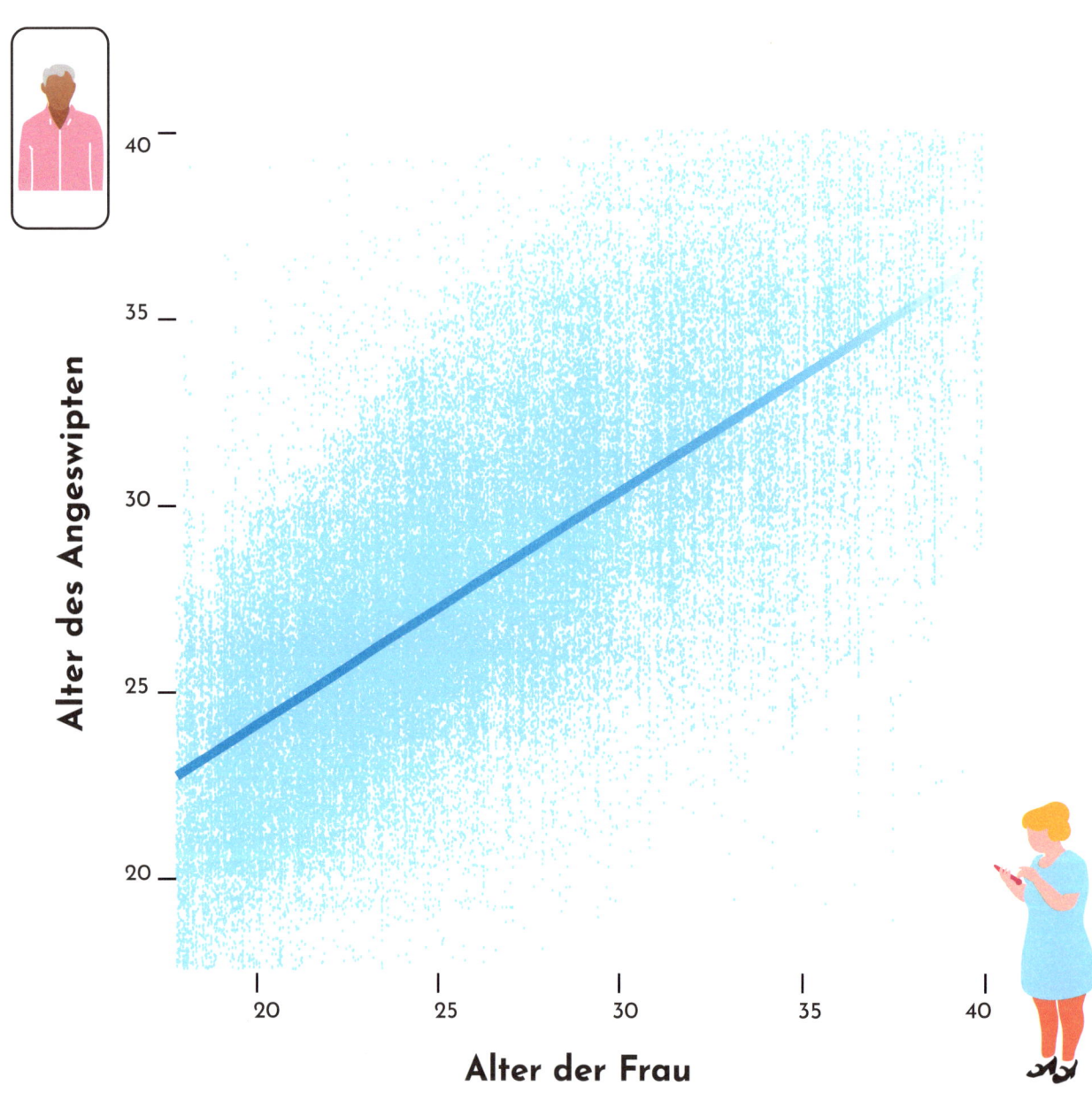

Paare werden immer ähnlicher. Bildungsunterschiede sind heute selten (siehe S. 98). Eines aber ist unverändert: der Altersunterschied. Zweieinhalb Jahre betrug er 1970 bei der Heirat, zweieinhalb Jahre beträgt er noch heute. Das beginnt schon beim Dating. Jeder Punkt in der Grafik markiert eine Wischbewegung in einer Dating-App. Die Punkte zeigen nur einen Kontaktwunsch, noch lange kein Treffen. Aber das macht sie umso ehrlicher. Die Linie zeigt: Eine 25-jährige Frau zielt auf Männer, die circa zwei Jahre älter sind, ein 25-jähriger Mann hingegen auf etwas jüngere Frauen. Doch passen Frauen ihr Ziel ihrem Alter an – Männer kaum.

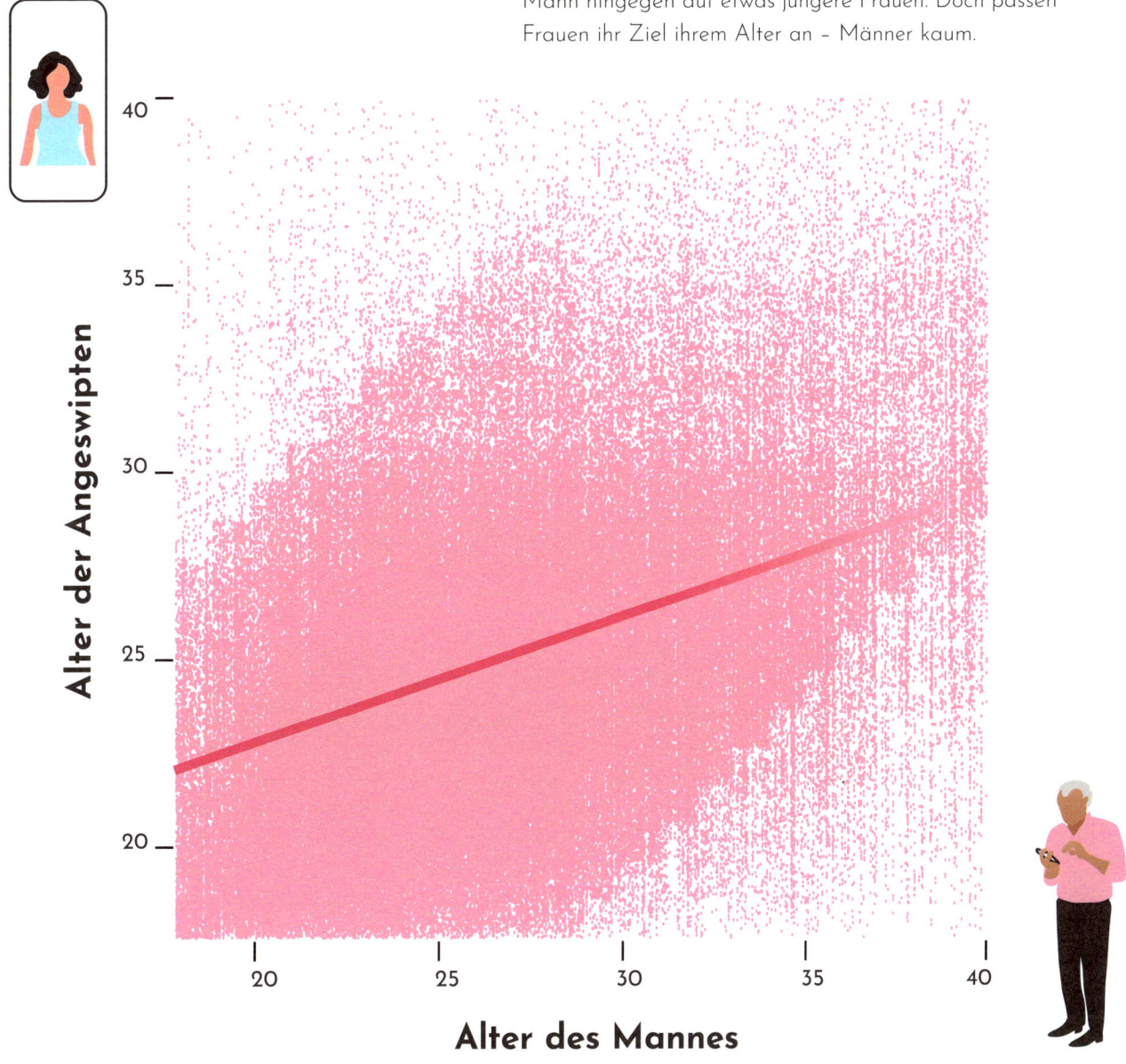

Alter der Angeswipten

Alter des Mannes

Wie viele an deiner Schule oder Uni wissen, dass du LGBTI bist?

Allein, dass man von »Coming-out« spricht, zeigt ja, dass es immer noch nicht selbstverständlich ist, lesbisch, schwul, bi-, trans- oder intersexuell sein zu können. 2012 führte die EU eine Erhebung unter fast 100 000 LGBTIs durch. Drei Viertel gaben an, sich ihrer sexuellen Orientierung schon vor dem 18. Lebensjahr bewusst gewesen zu sein. Negative Bemerkungen über LGBTs hörten in der Schulzeit so gut wie alle. Und so hält in Deutschland ein Drittel ihre sexuelle Identität vor Mitschülerinnen und Mitschülern geheim. Innerhalb der Familie sieht es kaum anders aus. Jeweils 20 Prozent der 18- bis 24-jährigen LGBTIs sind gar nicht oder nur wenigen Familienmitgliedern gegenüber geoutet.

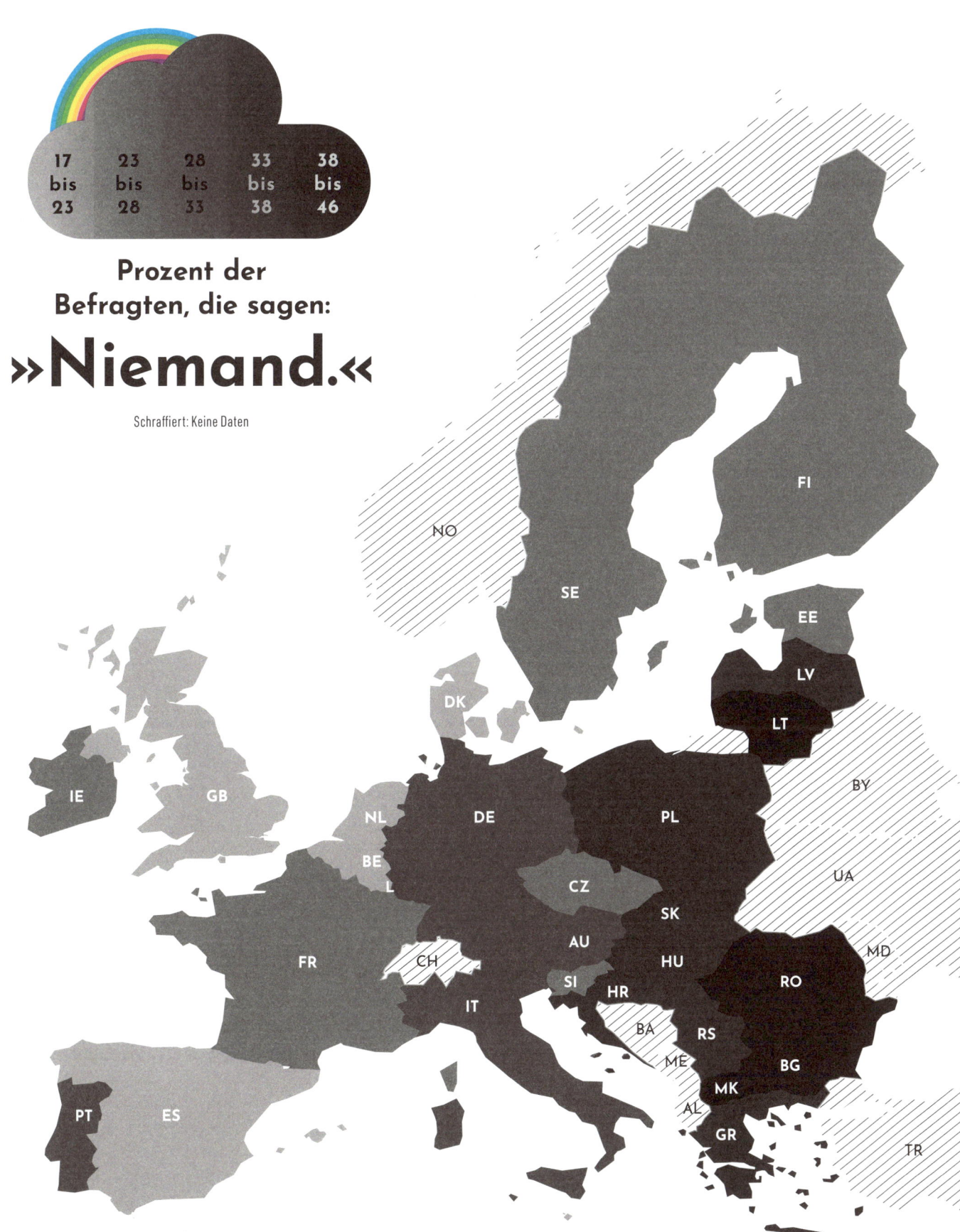

Häufigkeit von Tattoo-Fotos mit Essens-Hashtag auf Instgram

#pizzatattoo 34 412

#pineappletattoo 34 099

#coffeetattoo 26 126

#cupcaketattoo 21 986

#cherrytattoo 19 347

#beertattoo 13 088

#bananatattoo 11 803

#icecreamtattoo 11 035

#appletattoo 10 254

#peachtattoo 9 741

#strawberrytattoo 9 166

#candytattoo 8 462

#avocadotattoo 8 233

#winetattoo 7 200

#lemontattoo 7 132

#sushitattoo 6 160

#watermelontattoo 4 161

#tacotattoo 3 858

#caketattoo 3 354

#kiwitattoo 2 455

Welche Lebensmittel als Tattoos am beliebtesten sind

Tattoos sind heute so normal wie Turnschuhe. 20 Prozent der Menschen in Deutschland haben mindestens eines. Unter den 30-Jährigen sind es sogar die Hälfte, Frau oder Mann nimmt sich nicht mehr viel. Ob durch den Boom auch die Motive vielfältiger wurden, dazu gibt es leider keine Daten. Annehmen darf man es, wenn man durch Instagram scrollt. Lebensmittel-Tattoos sind zwar relativ selten (Totenköpfe gibt es 60-mal mehr als Pizzen), aber das macht sie ja nur interessanter. Über eine Tattoo-Entfernung denken übrigens nur etwa zehn Prozent nach, meist aus gesundheitlichen Gründen.

Wie viele Menschen tätowiert sind, nach Altersgruppe 2003 2016

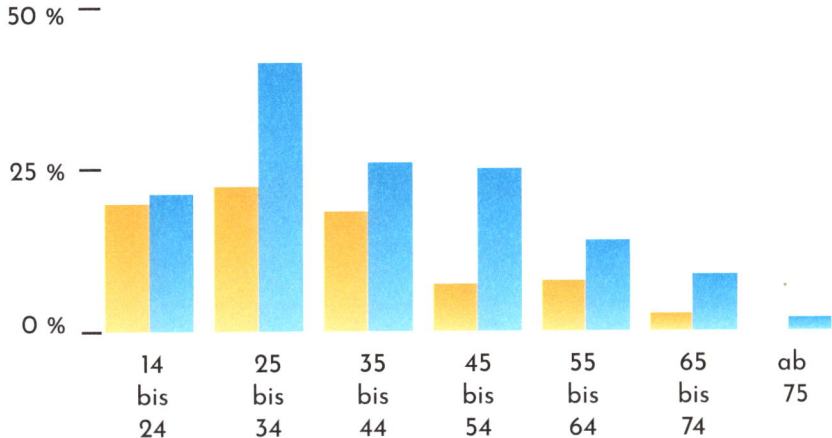

Wann der körperliche Zerfall beginnt

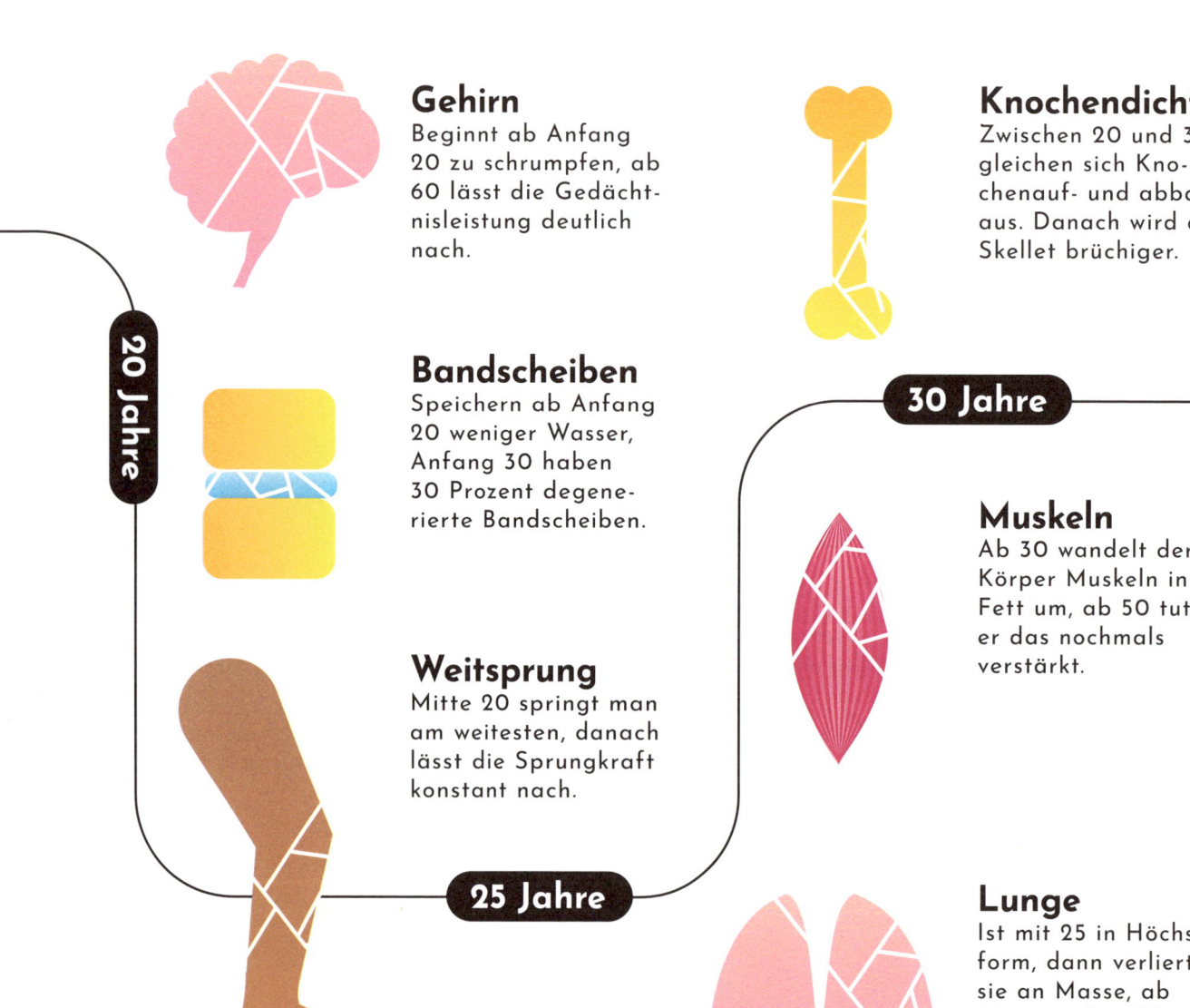

Gehirn
Beginnt ab Anfang 20 zu schrumpfen, ab 60 lässt die Gedächtnisleistung deutlich nach.

Knochendichte
Zwischen 20 und 30 gleichen sich Knochenauf- und abbau aus. Danach wird das Skelett brüchiger.

Bandscheiben
Speichern ab Anfang 20 weniger Wasser, Anfang 30 haben 30 Prozent degenerierte Bandscheiben.

Muskeln
Ab 30 wandelt der Körper Muskeln in Fett um, ab 50 tut er das nochmals verstärkt.

Weitsprung
Mitte 20 springt man am weitesten, danach lässt die Sprungkraft konstant nach.

Lunge
Ist mit 25 in Höchstform, dann verliert sie an Masse, ab Mitte 30 beschleunigt. Raucher sind stärker betroffen.

20 Jahre · 25 Jahre · 30 Jahre

Herz
Muss ab 30 stärker pumpen, seine Muskelkraft lässt nach, Stress setzt ihm stärker zu.

Stimme
Ab 60 verändert sich die Stimmlage: Frauen sprechen tiefer, Männer höher.

Kinder kriegen
Die Fruchtbarkeit von Paaren ist mit 20 am höchsten, danach abnehmend bis Mitte 40. Ab Mitte 30 ist noch die Hälfte der Zyklen der Frau fruchtbar.

60 Jahre

Haut und Haare
Ab 30 beginnt die Faltenbildung, graue Haare treten ab Mitte 30 verstärkt auf.

40 Jahre

Sehkraft
Anfang 40 verlieren die Augenlinsen an Elastizität. Immer mehr Menschen benötigen eine Sehhilfe.

Niere
Ab 40 wird die Niere schwächer, es werden immer weniger Schadstoffe gefiltert.

Warum allen Generationen das Gleiche wichtig ist

Millennials gelten als unpolitische Selbstverwirklicher. Ihre Vorgänger – die »Generation X« oder auch »Generation Golf« – sollen orientierungslose Workaholics sein. Die Babyboomer mussten sich vor allem selbst vermarkten (es gab ja so viele). Die 68er hingegen hätten noch die Gesellschaft verändern wollen. Vorurteile über Generationen gibt es viele. Aber stimmen sie? Der Soziologe Martin Schröder wertete Befragungen aus und berechnete für jede Generation, wie stark sie bestimmten Idealen zustimmt. Sein Ergebnis: Es gibt kaum Unterschiede. Sogar das Politikinteresse der 68er ist kaum merklich größer als das anderer Generationen. Die Themen ändern sich, die Wünsche bleiben gleich.

Ist man umso grüner, je jünger man ist? Man könnte es meinen. Der Klimawandel betrifft vor allem die Jungen und ihre Kinder. Das war die Botschaft von Fridays for Future. Die Jungen bescherten den Grünen bei der Europawahl einen Erdrutschsieg. Umfragen zeigen jedoch, dass das Alter wenig Einfluss darauf hat, wie man zum Klimawandel, zum Kohleausstieg oder zur Windenergie steht. Man wird im Alter nicht gleichgültiger gegenüber der Umwelt. Wer aber immer schon die CDU gewählt hat, macht das aus Gewohnheit weiterhin – die Partei vertritt ja auch grüne Positionen. Junge hingegen haben heute viel mehr Parteien im Angebot und wählen die, die aktuell zu ihren politischen Zielen passt.

Parlamente, hätte jede Generation ein eigenes

Und warum die Jungen trotzdem nicht grüner sind

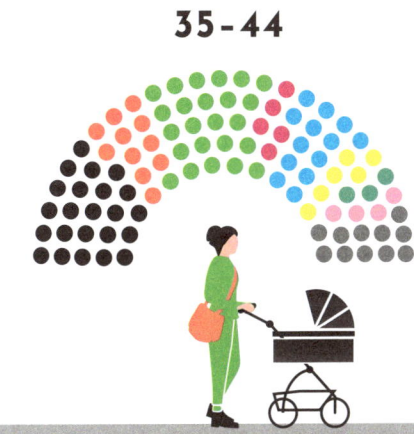

35–44

60–69

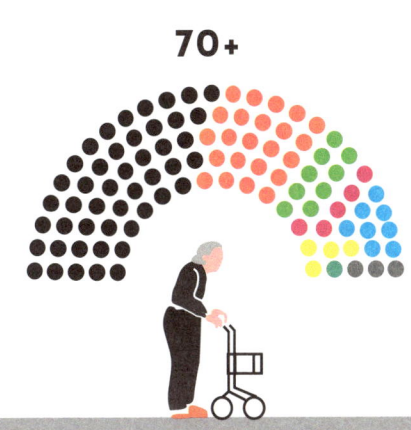

70+

Was die Menschen auf die Straße treibt

Deutschlands größte Demonstrationen

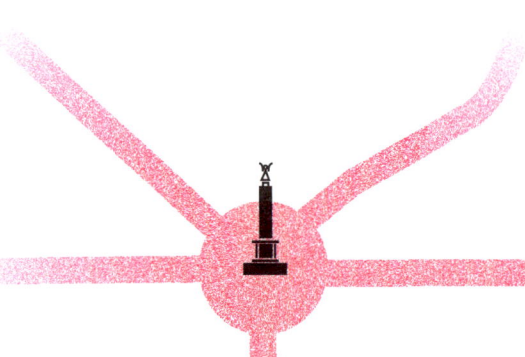

Berlin, Straße des 17. Juni
2019: Fridays for Future, 100 000 Menschen
2004: Agenda 2010, 200 000 Menschen
1998: Christopher Street Day, 220 000 Menschen
2003: Irakkrieg, 500 000 Menschen

Berlin, Alexanderplatz
1989: Demonstration gegen das DDR-Regime, 200 000 Menschen

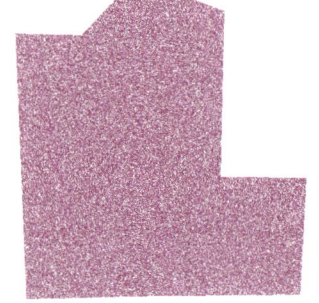

Bonn, Hofgarten
1983: NATO-Doppelbeschluss, 340 000 Menschen

Manchmal entstehen Demonstrationen wie von Geisterhand. 1992 riefen in München ein paar Freunde per Kettenbrief zur »Lichterkette gegen Fremdenfeindlichkeit« auf. Am Ende standen Hunderttausende mit Kerzen auf der Straße. Ebenso unerwartet versammelten sich 1989 die Menschen zur »Alexanderplatz-Demonstration« in Ost-Berlin. Kunstschaffende hatten dazu aufgerufen. Es gab nur Reden. Sie läuteten das Ende der Diktatur ein. Die Zahlen der Grafik basieren auf Polizeiangaben oder Schätzungen von Historikern.

München
1992: Lichterkette gegen Ausländerfeindlichkeit, 400 000 Menschen

Wie sich Ansichten (nach langen Kämpfen) ändern

— 80 %

— 60 %

2000
Bundestag entschuldigt sich bei Schwulen und Lesben

2001
Einführung des Lebenspartnerschaftsgesetzes

— 40 %

Zustimmung zur Gleichstellung der Homoehe

— 20 %

2002   2004   2006

1970 hielt die Hälfte der westdeutschen Bevölkerung Homosexualität für »schlimm« oder »sehr schlimm« (die positivste Antwortkategorie der Umfrage war »nicht so schlimm«). Zehn Jahre später war es noch ein Drittel. Die Bürgerrechtsbewegung für Schwule und Lesben organisierte sich. Der erste Berliner Christopher Street Day fand 1979 statt. Ob politische Vorstöße oder prominente Coming-outs, sie alle machten das Thema sichtbar und drehten langsam, aber sukzessive die öffentliche Meinung. Auch bei der Ehe für alle: Vor zwanzig Jahren war kaum jemand dafür, heute ist kaum noch jemand dagegen.

2017
Ehe für alle

2013
Eingetragene Lebenspartner*innen können Ehegattensplitting nutzen

2014
Gemeinschaftliche Adoption

2010 2012 2014 2016

Warum wir unter uns heiraten

74 %
Gleicher
Bildungsbschluss

Würden Ehen per Zufall geschlossen, würde die soziale Ungleichheit drastisch sinken. Doch das Gegenteil passiert. Paare wählen sich nach Bildung aus. Und gleiche Bildung heißt oft gleiche soziale Herkunft (siehe S. 130) und gleicher sozialer Status. So bleibt man unter sich. Selbst auf Dating-Apps, wo alle alle treffen könnten, kontaktiert man vor allem seinesgleichen. Für die Beziehungen ist das gut; je mehr ein Paar verbindet, desto stabiler ist die Beziehung. Für die soziale Mobilität wäre Würfeln besser.

15 %
Mann höherer Bildungsabschluss

11 %
Frau höherer Bildungsabschluss

Durchschnittliche Anzahl Buchstaben von Vornamen in der Stadt Zürich sowie häufigster Name jeweiliger Länge

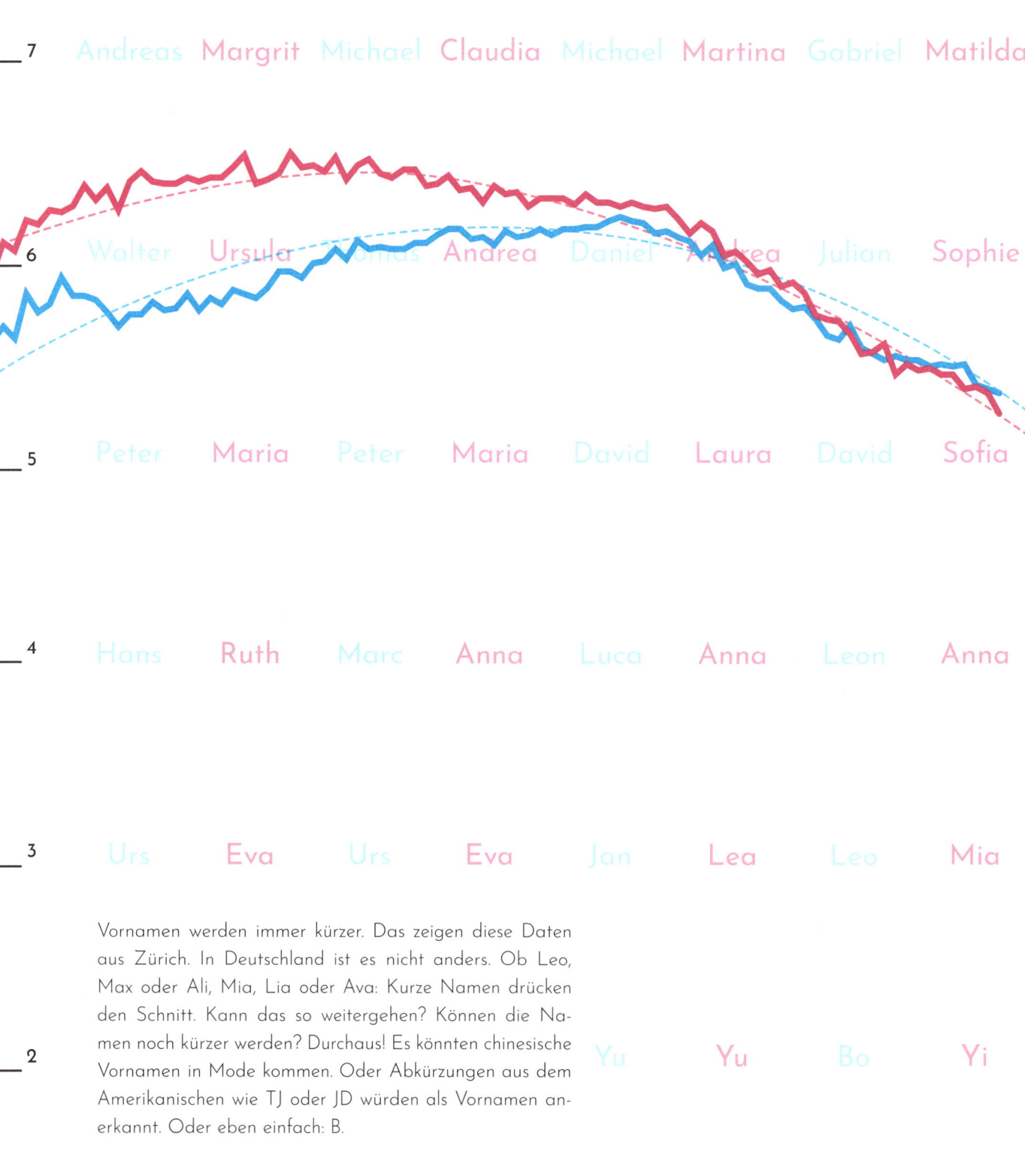

Vornamen werden immer kürzer. Das zeigen diese Daten aus Zürich. In Deutschland ist es nicht anders. Ob Leo, Max oder Ali, Mia, Lia oder Ava: Kurze Namen drücken den Schnitt. Kann das so weitergehen? Können die Namen noch kürzer werden? Durchaus! Es könnten chinesische Vornamen in Mode kommen. Oder Abkürzungen aus dem Amerikanischen wie TJ oder JD würden als Vornamen anerkannt. Oder eben einfach: B.

Wann werden Vornamen nur noch einen Buchstaben lang sein?

2050

2100

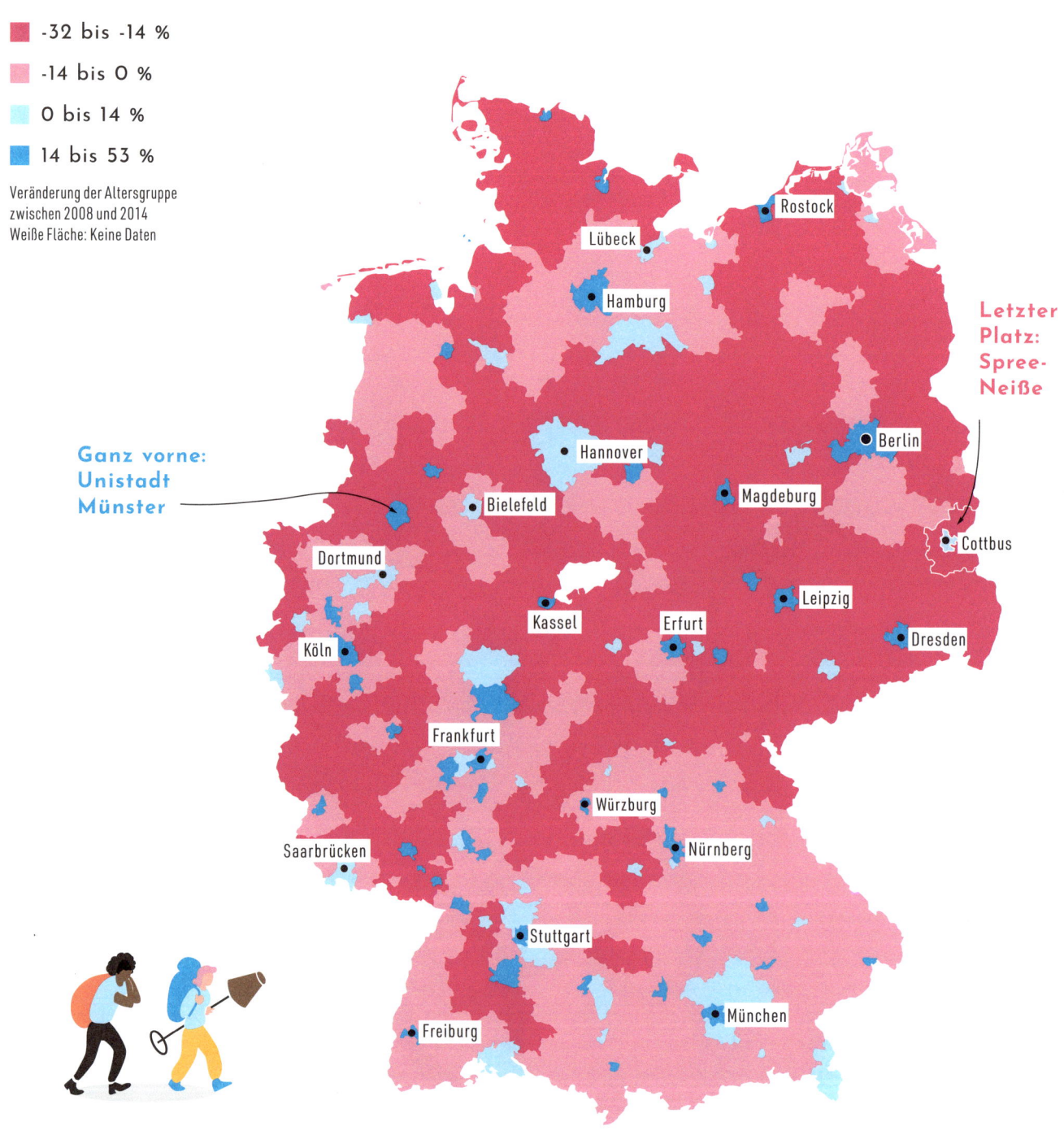

… und wo zwischen 30 und 50 wieder weg

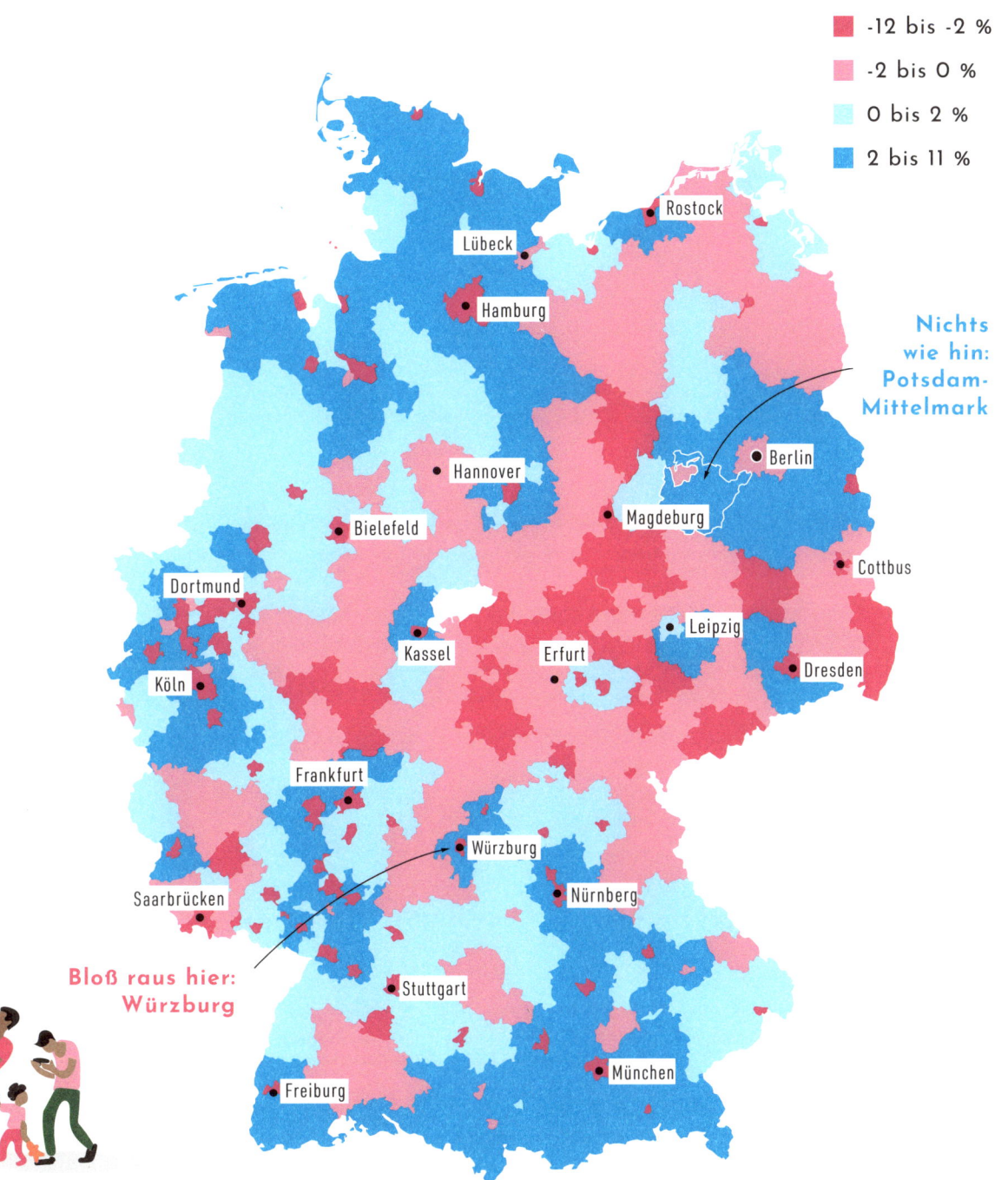

Durchschnittsfamilie

Die deutsche Durchschnittsfamilie lebt in einem Eigenheim auf 150 qm, hat ein Mittelklasseauto und macht einmal im Jahr Urlaub auf Mallorca. Ihre Ernährung ist gemischt, teilweise regional, ab und zu saisonal, kein Bio. Sie konsumiert für 450 Euro pro Person und Monat. Beim Kauf achtet sie auf Preis und Funktionalität.

Ökofamilie

Die (strikte) Ökofamilie lebt in einem Mehrfamilienhaus auf 90 qm mit Ökostrom und Niedrigenergiestandard. Sie ernährt sich vegan mit regionalen und saisonalen Bio-Lebensmitteln und benutzt auch für den Urlaub Bus und Bahn. Ihr Konsum ist sparsam: 100 Euro pro Person gehen oft für gebrauchte Dinge drauf, die man lange behält.

Wie viel CO$_2$ wir ausstoßen (dürfen)

Notwendiges Ziel

Der Ausstoß einer Tonne CO$_2$ pro Kopf und Jahr wäre klimatisch noch erträglich. Auf diese Tonne müssen wir runter, und zwar schnell. Für Deutschland hieße das 90 Prozent weniger Emissionen. Durch persönliches Handeln schafft das nicht einmal eine Ökofamilie. Eine Faustregel lautet: Ein Drittel der Emissionen müssen wir durch veränderten Lebensstil reduzieren, ein Drittel durch erneuerbare Energie und ein Drittel durch Effizienzsteigerung. Lebensstil heißt vor allem Ernährung, Mobilität und Wohnen. Also weniger Fleisch und Milchprodukte, Fahrrad statt Auto, Bahn statt Flugzeug und Holz statt Beton.

Wie viele Bäume machen eine Katze klimaneutral?

300 Kilogramm CO_2 soll eine Hauskatze jährlich verursachen, mehr als ein Flug nach Mallorca. Ihr Fleischkonsum ist groß, und nur das Beste aus der Dose ist ihr gut genug. Wie viele Bäume bräuchte man, um sie klimaneutral zu machen? Baum ist nicht gleich Baum. Aber mit 300 Kilogramm CO_2-Bindung über die Dauer eines Katzenlebens – also 15 Jahre – kann man in manchen Regenwäldern rechnen. Pi mal Pfote braucht man also einen ausgewachsenen Baum für jedes Katzenjahr. Pflanzen müsste man jedoch deutlich mehr, da oft nur wenige Bäume überleben. Oder die Katze ändert ihren Lebensstil.

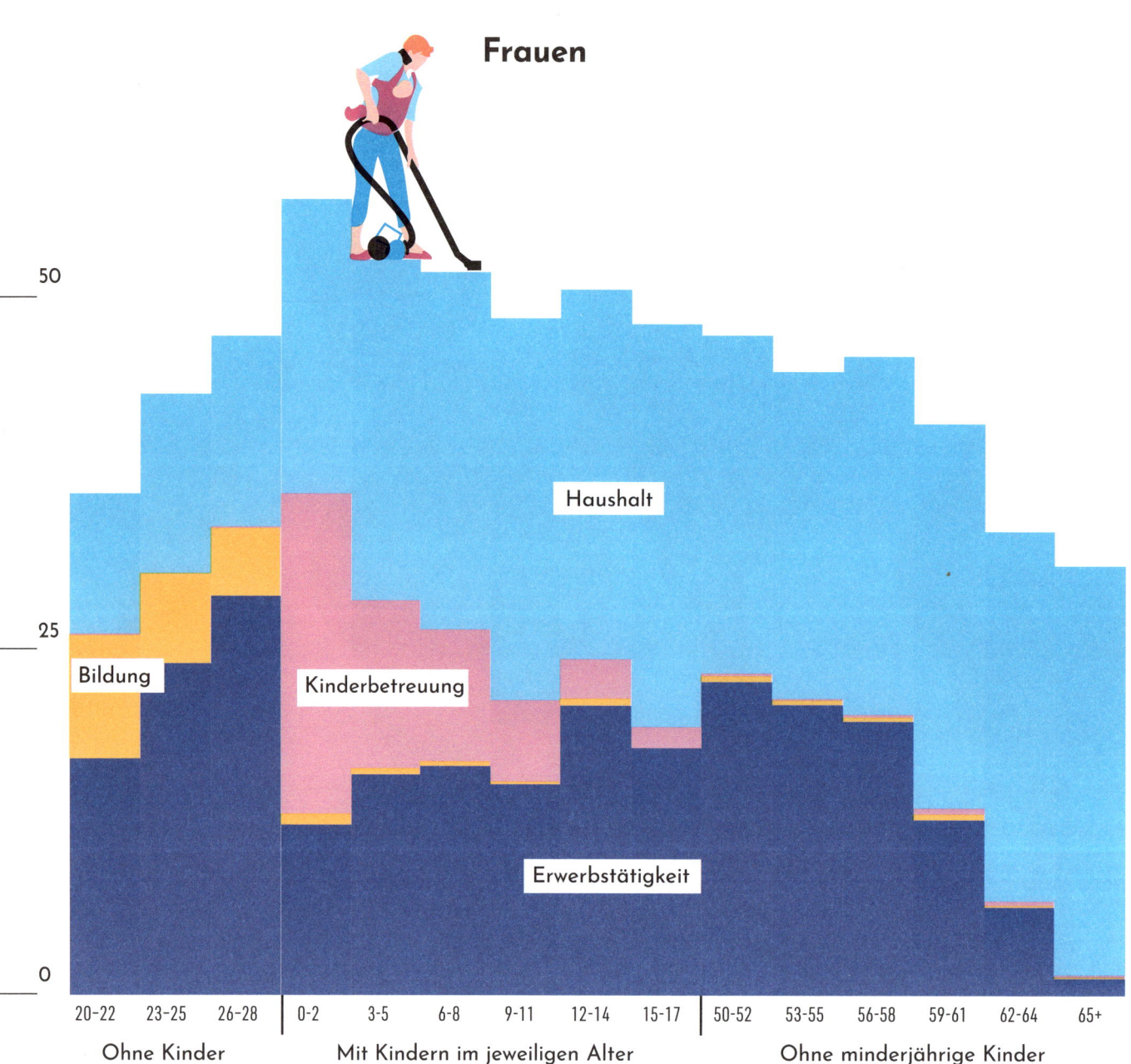

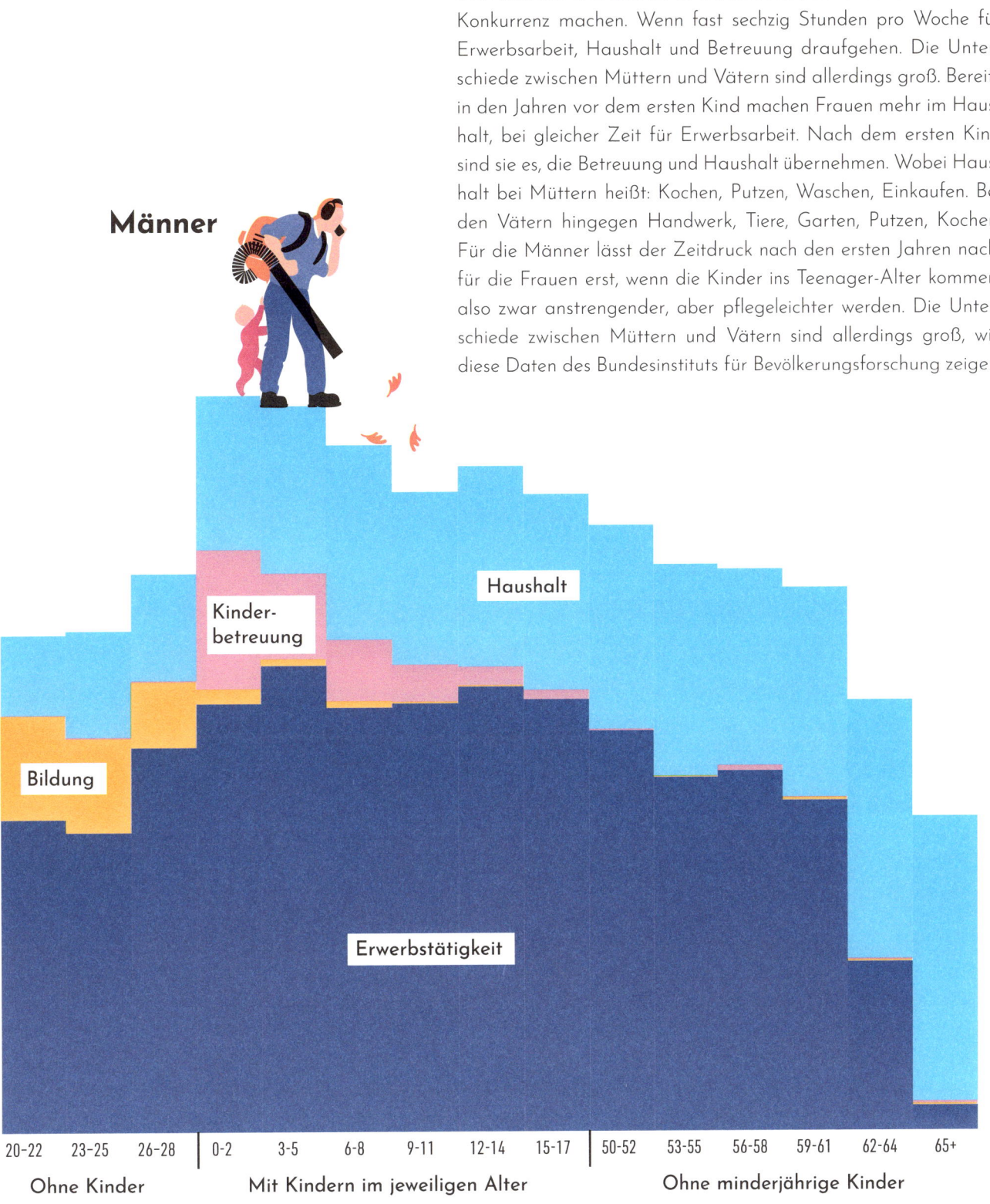

Die Rushhour des Lebens ist dann, wenn sich Kinder und Karriere Konkurrenz machen. Wenn fast sechzig Stunden pro Woche für Erwerbsarbeit, Haushalt und Betreuung draufgehen. Die Unterschiede zwischen Müttern und Vätern sind allerdings groß. Bereits in den Jahren vor dem ersten Kind machen Frauen mehr im Haushalt, bei gleicher Zeit für Erwerbsarbeit. Nach dem ersten Kind sind sie es, die Betreuung und Haushalt übernehmen. Wobei Haushalt bei Müttern heißt: Kochen, Putzen, Waschen, Einkaufen. Bei den Vätern hingegen Handwerk, Tiere, Garten, Putzen, Kochen. Für die Männer lässt der Zeitdruck nach den ersten Jahren nach, für die Frauen erst, wenn die Kinder ins Teenager-Alter kommen, also zwar anstrengender, aber pflegeleichter werden. Die Unterschiede zwischen Müttern und Vätern sind allerdings groß, wie diese Daten des Bundesinstituts für Bevölkerungsforschung zeigen.

Wie viel Sex normal ist und wie viel real

Zu kaum einem Thema sind Umfragen unzuverlässiger als zum Sex. Fünfmal pro Monat hätten sie Sex mit einer Frau gehabt, gaben 25- bis 29-jährige Männer in einer aufwendigen Befragung der TU Braunschweig an. Die Frauen zählten nur vier Mal. Noch größer ist die Diskrepanz bei der Anzahl Partnerinnen oder Partner: Zehn sagten die Männer, fünf die Frauen. Wem also glauben? Vielleicht den Kondomproduzenten. Zwischen 20 und 50 Jahren verhüten 70 bis 90 Prozent, rund die Hälfte davon mit Kondomen. Es müsste in Deutschland also rund 330 Millionen heterosexuelle Geschlechtsakte pro Jahr geben, bei denen ein Kondom verbraucht wird. Jedenfalls den Männern zufolge. Hinzu kämen noch die der homosexuellen Männer. Sowie all die Kondome, die unbenutzt im Müll landen. Verkauft werden jährlich aber nur etwa 240 Millionen Kondome.

Sex pro Jahr nach Alter

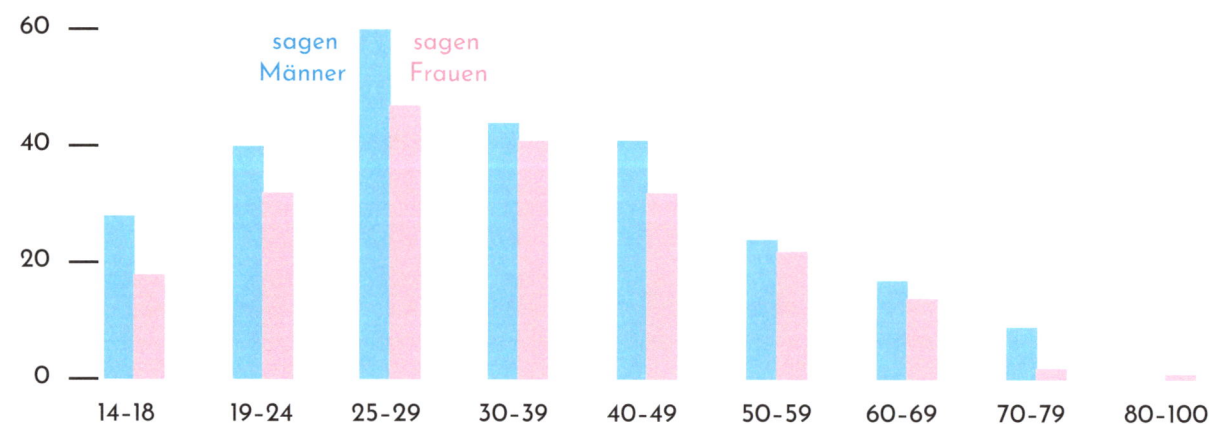

335 Mio. — Verkaufte Kondome bei so viel Sex*, wie Männer angeben

275 Mio. — Verkaufte Kondome bei so viel Sex*, wie Frauen angeben

240 Mio. — Verkaufte Kondome

* mit Kondom

Warum sich Paare scheiden lassen

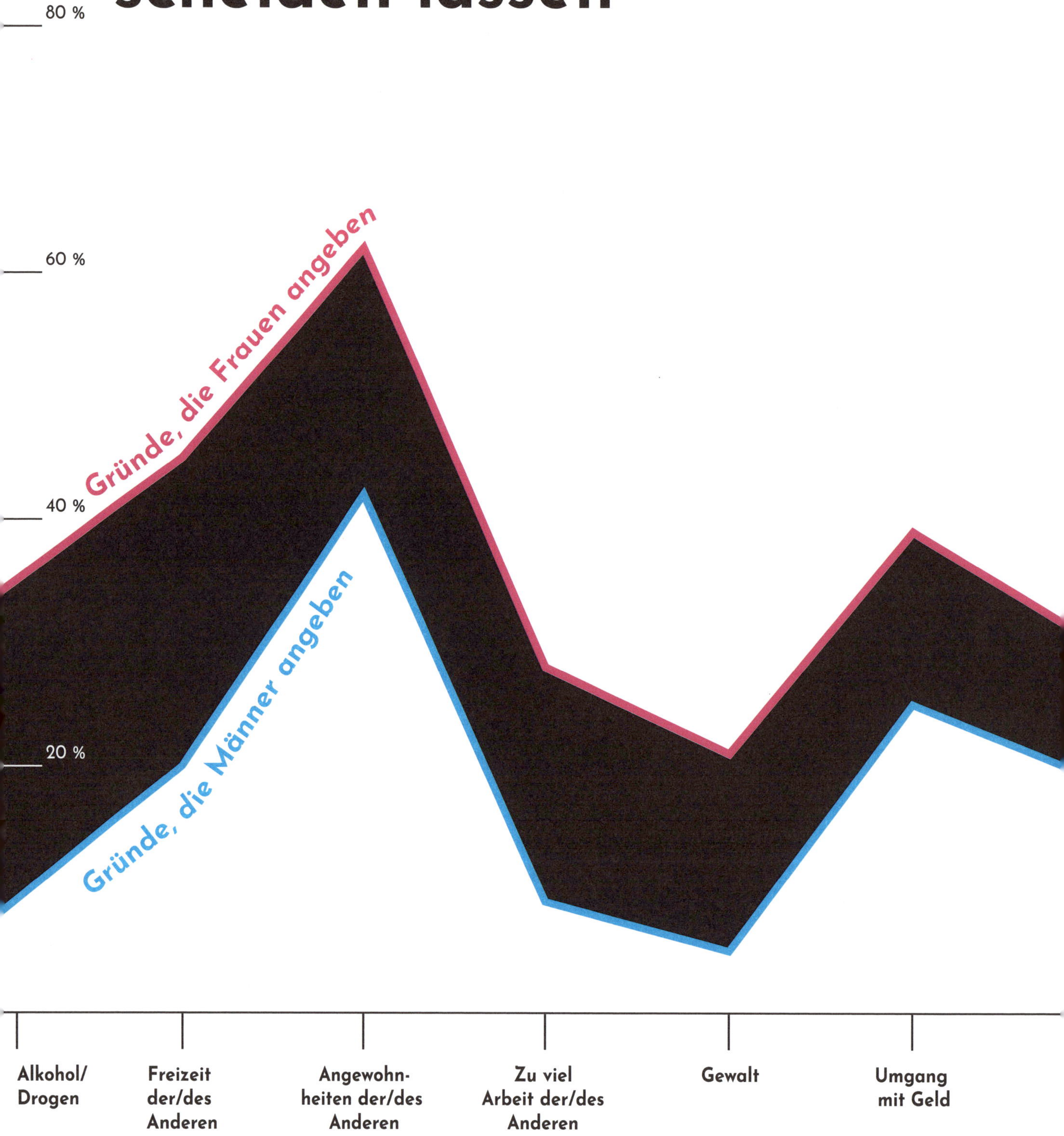

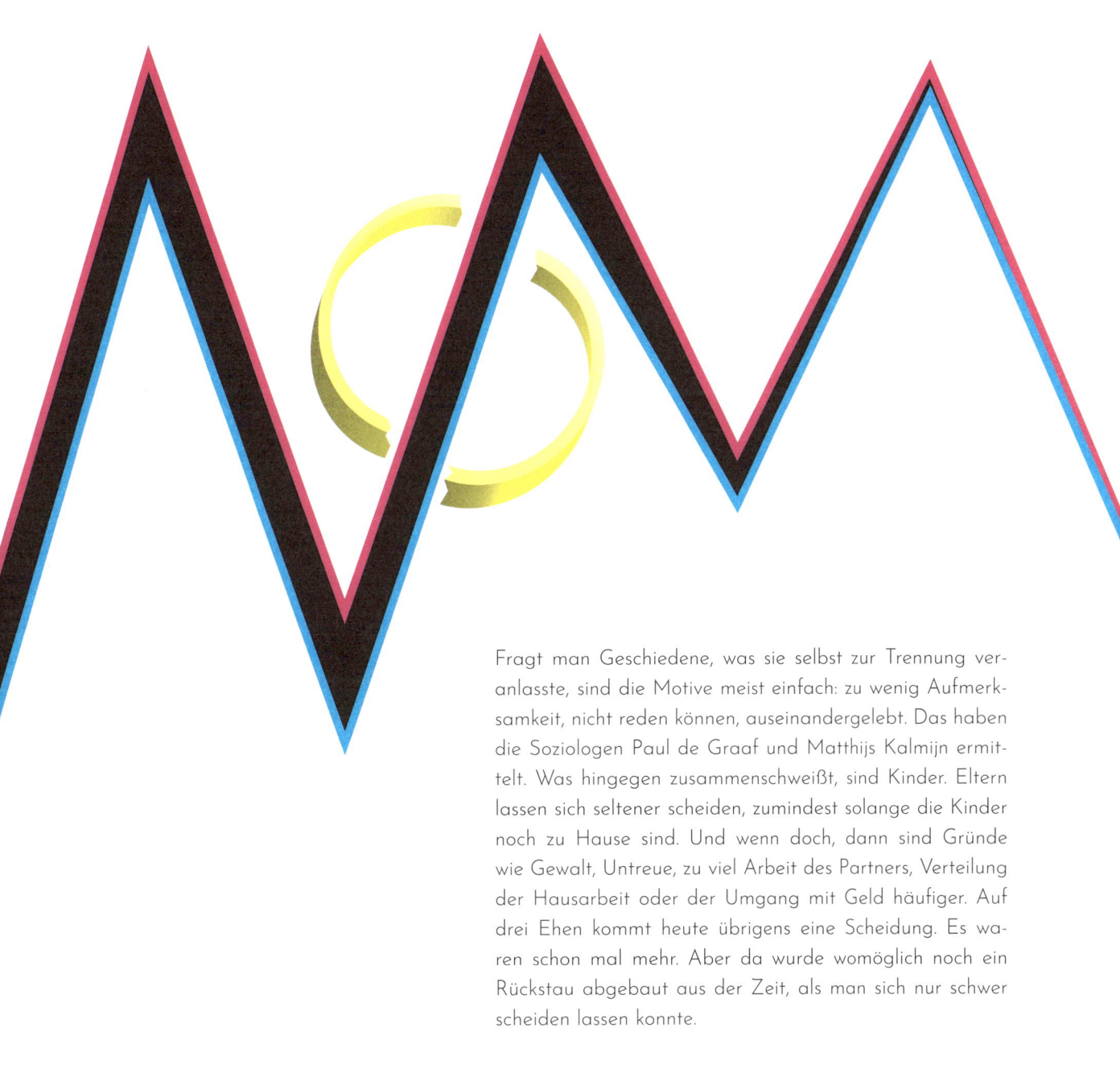

Fragt man Geschiedene, was sie selbst zur Trennung veranlasste, sind die Motive meist einfach: zu wenig Aufmerksamkeit, nicht reden können, auseinandergelebt. Das haben die Soziologen Paul de Graaf und Matthijs Kalmijn ermittelt. Was hingegen zusammenschweißt, sind Kinder. Eltern lassen sich seltener scheiden, zumindest solange die Kinder noch zu Hause sind. Und wenn doch, dann sind Gründe wie Gewalt, Untreue, zu viel Arbeit des Partners, Verteilung der Hausarbeit oder der Umgang mit Geld häufiger. Auf drei Ehen kommt heute übrigens eine Scheidung. Es waren schon mal mehr. Aber da wurde womöglich noch ein Rückstau abgebaut aus der Zeit, als man sich nur schwer scheiden lassen konnte.

Nicht reden können

Untreue

Zu wenig Aufmerksamkeit

Persönliche Probleme der/des Anderen

Auseinandergelebt

Sexuelle Probleme

Aufteilung der Hausarbeit

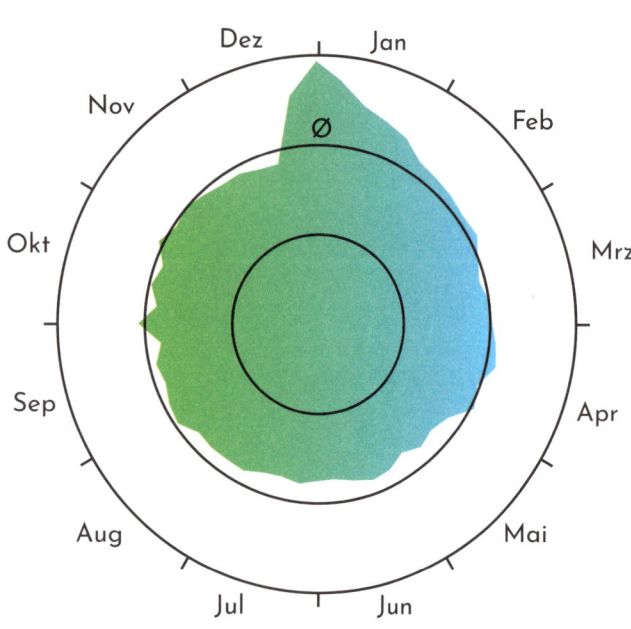
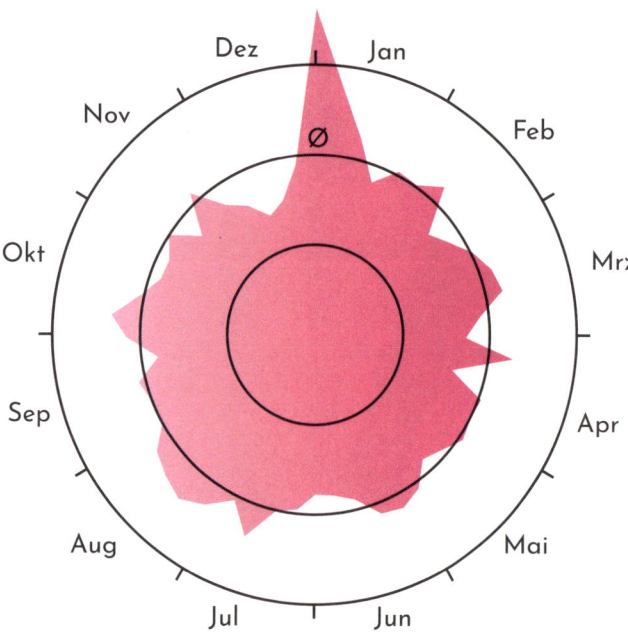
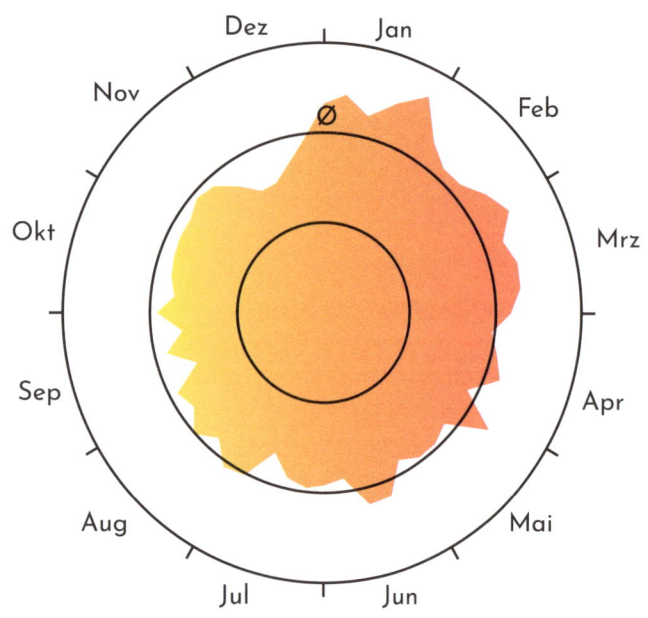
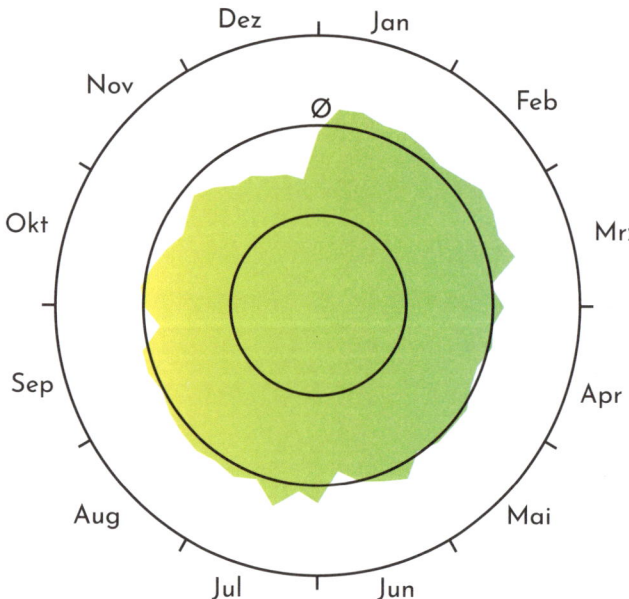

Die Hamsterräder der guten Vorsätze

Immer an Neujahr kann man Menschen dabei beobachten, wie sie versuchen, sich ein neues Leben zu ergoogeln. Suchen nach »Fitness« oder »Rauchen aufhören« nehmen schlagartig zu. Tofu ist gefragt wie sonst nie. Genauso Kredite. Beim Googeln bleibt es nicht. Im Januar leihen sich Leute 35 Prozent mehr Geld als im Dezember. Womöglich, weil nach Weihnachten das Geld knapp ist. Wahrscheinlicher ist aber das Gegenteil: neues Jahr, neue Ideen, neue Projekte. Die Küche umbauen, ein Auto kaufen. Vielleicht ist sogar noch Weihnachtsgeld da, das aufgestockt werden kann. Ab Herbst dann »Sparen« googeln.

»Sparen« googeln

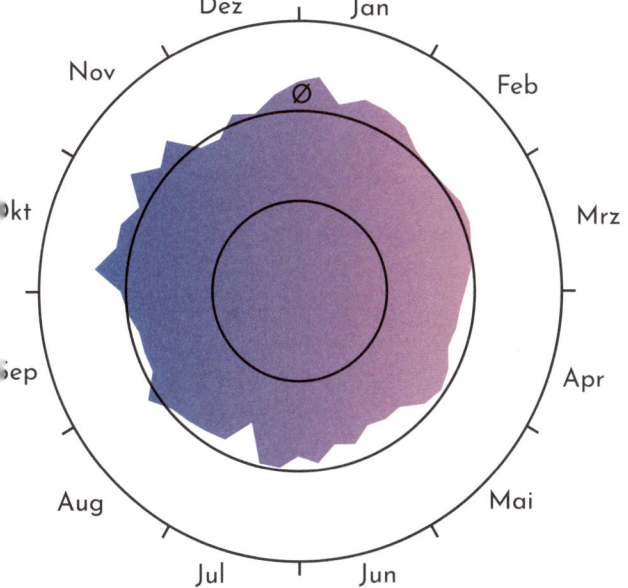

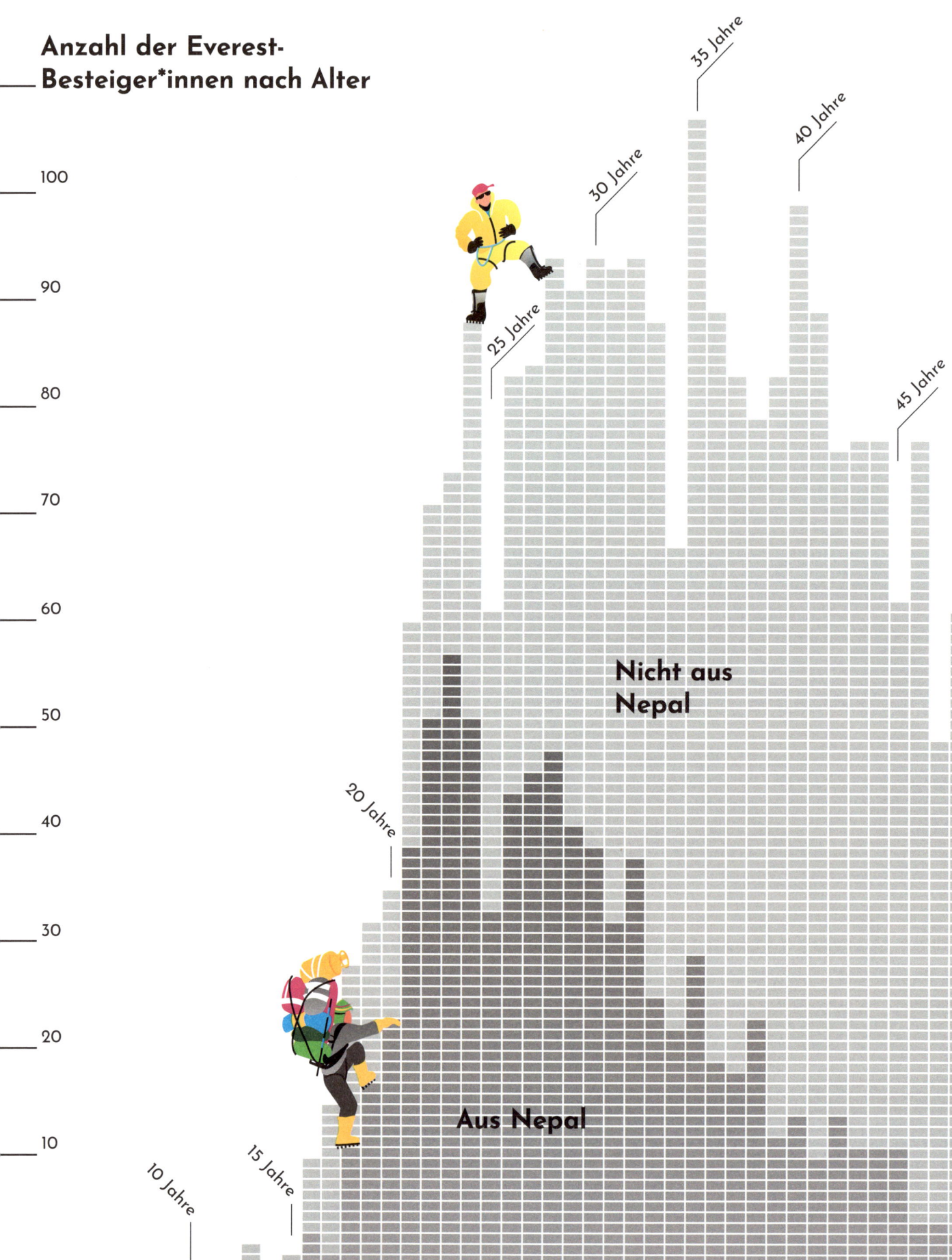

Wann es Zeit ist, den Mount Everest zu besteigen

Der Mount Everest ist ein Midlife-Projekt. Das Durchschnittsalter der angereisten Wandersleute beträgt 40 Jahre. Um hochzukommen, braucht man eben nicht nur Fitness und Erfahrung, sondern auch viel Geld. 45 000 Dollar kostet die Pauschalreise zum Gipfel im Schnitt. Allein die Genehmigung schlägt mit 11 000 Dollar zu Buche – plus 650 Dollar Pfand, falls man seinen Müll nicht wieder mit runterbringt. Fast tausend Personen jährlich besteigen den höchsten Berg der Welt, die Zahlen stiegen in den letzten Jahren stark an. Demnächst dürfte Nummer 10 000 oben stehen – nach stundenlangem Warten im Stau.

Würdest du zum Mond reisen?

52 % Nein

37 % Ja

11 % Weiß nicht

- 7 % Dauert zu lange
- 6 % Bin zu alt
- 5 % Hätte Angst
- 5 % Habe Flugangst
- 4 % Ressourcenverschwendung
- 4 % Wäre zu teuer
- 3 % Unbequeme/langweilige Fahrt
- 3 % Will nicht in Raumkapsel
- 2 % Würden den Mond zerstören
- 2 % Umweltverschmutzung
- 2 % Reisekrankheit
- 1 % Kein Familienurlaub

»Stellen Sie sich bitte vor, dass Sie die Möglichkeit hätten, zum Mond zu reisen, und dass Ihre sichere Rückkehr zur Erde garantiert werden könnte. Würden Sie zum Mond reisen wollen?«, wollte das Umfrage-Institut YouGov wissen. Die Hälfte der Befragten lehnte ab. Gefragt nach den Gründen, fielen all jene Ausreden, die man auch von irdischen Vorhaben kennt: kein Interesse, dauert zu lange, unbequem. Dabei bereut man ihm Leben viel häufiger, was man nicht gemacht hat, als das, was man getan hat (siehe S. 72).

Warum nicht?

- 9 % Reise ist nicht sicher
- 9 % Macht keinen Sinn
- 10 % Genug irdische Reiseziele
- 11 % Kein Interesse
- 23 % Gibt dort nichts zu sehen/tun
- 1 % Angst um Gesundheit
- 1 % Gesundheit
- 1 % Mag genrell keine Reisen
- 1 % Höhenangst
- 1 % Will keinen Raumanzug tragen
- 1 % Nicht fit genug

Könnte ich.

Obstkonsum in Kilo pro Person und Jahr

Pflaumen 1,1 — Himbeeren — Birnen — Kirschen — Heidelbeeren — Pfirsiche — Erdbeeren — Trauben

Sportvereinsmitglieder*innen in Millionen

Schwimmen 0,6 — Golf — Reiten — Handball — Leichtathletik — Alpenverein — Schützen — Tennis

Haustiere in Millionen

     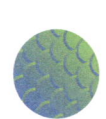  

Schlangen — Schildkröten — Nymphensittiche 0,7 — Meerschweinchen — Gartenteiche mit Zierfischen — Aquarien mit Zierfischen — Kaninchen — Wellensittiche

Power laws oder Potenzgesetze bestimmen unser Leben. Sie treten in Kraft, wenn Menschen etwas um so häufiger machen, je mehr es bereits tun. Äpfel und Bananen sind nicht einfach die beliebtesten Früchte – sie sind es mit Abstand. Sie sind am günstigsten, was sie beliebt macht, was sie wiederum noch günstiger macht. Fußball und Turnverein funktionieren erst, wenn viele mitmachen. Besser also man verständigt sich auf wenige Gruppenspiele und verteilt sich ansonsten auf Einzelsportarten.

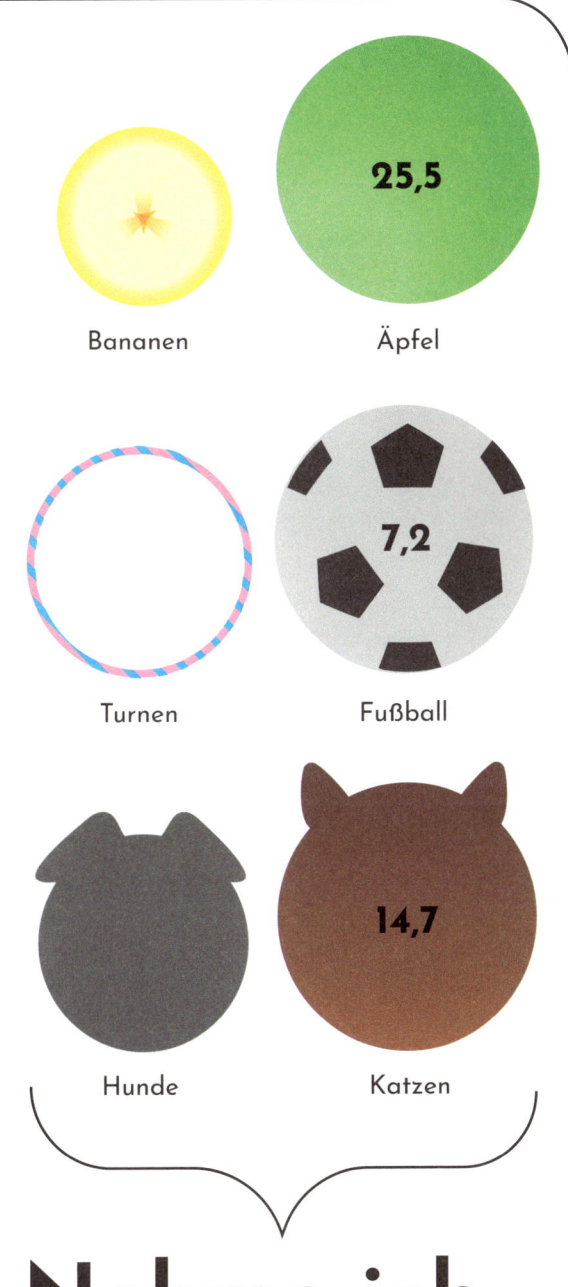

Bananen	Äpfel **25,5**
Turnen	Fußball **7,2**
Hunde	Katzen **14,7**

Nehme ich.

Wie Leute ihr Steak bestellen

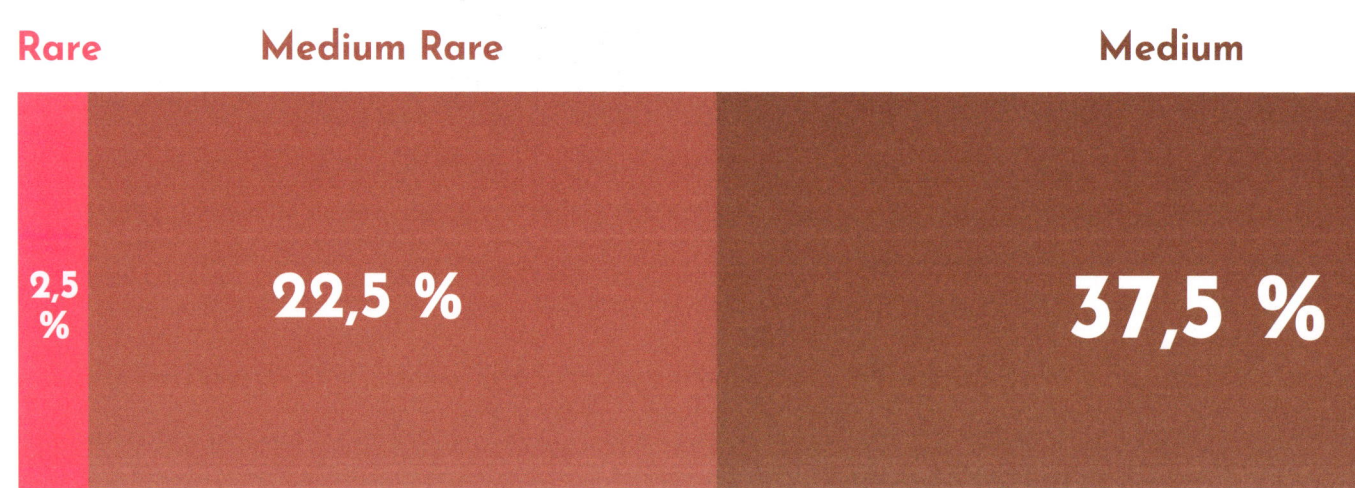

Würden Soziologen ein Steakhouse betreiben, würden sie als erstes »Medium« von der Speisekarte streichen. »Mittelwertorientierung« nennt man in der Soziologie die ärgerliche Tendenz, wenn sich Leute bei Umfragen nicht entscheiden wollen und einfach die Antwort in der Mitte wählen. So wie bei Steak-Bestellungen, wie die Daten einer amerikanischen Restaurantkette zeigen. Heraus kommt nichts Halbes und nichts Ganzes. Eine gerade Zahl von Antwortmöglichkeiten löst das Problem. So macht man es in Meinungsumfragen, wenn man eine klare Ansage braucht. Bei den Steak-Bestellungen bliebe die Tendenz zur gefühlten Sicherheit, also lieber durchgebraten als roh.

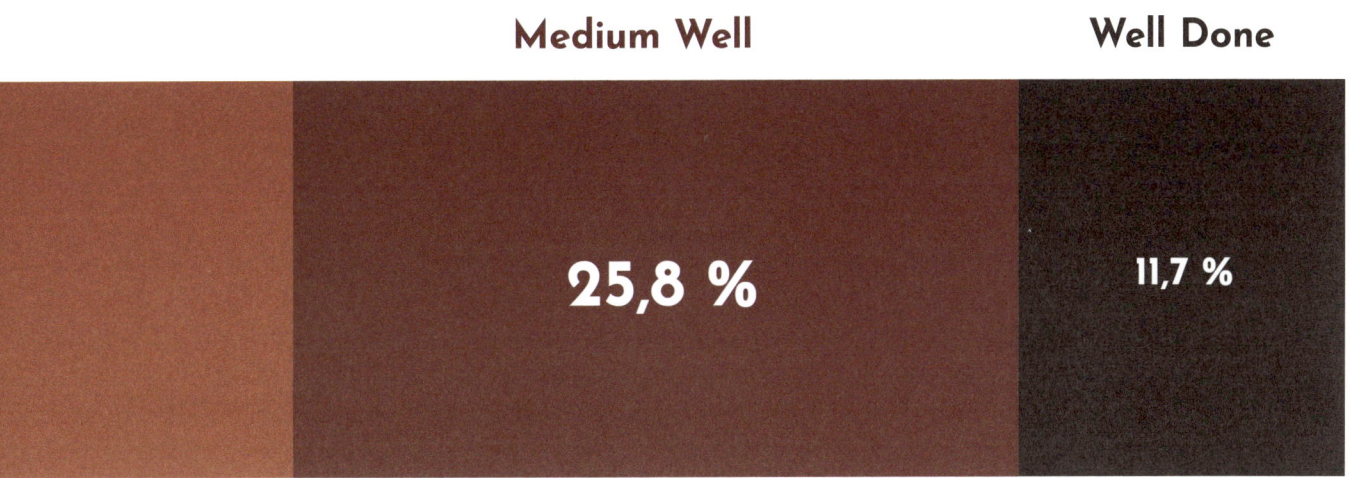

Medium Well 25,8 %   Well Done 11,7 %

Macht Geld glücklich?

Ja
37 %

Nein
61 %

k. A.
2%

Geld macht nicht glücklich, meinen viele. Aber fragt man Leute, ob sie glücklich sind, hängt die Antwort eben doch vom Geld ab. Soziologen wie Martin Schröder wenden ein, dass Geld und Glück nur bis zu einem gewissen Grad zusammenhängen. Schröder berechnet, dass in Deutschland ab 2000 Euro pro Monat die Zufriedenheit mit jeder Lohnerhöhung deutlich weniger zunimmt. Was man mehr kriegt, fühlt sich schnell nach gar nicht so viel mehr an, weil die Ansprüche steigen. Man bewegt sich ab 2000 Euro aber auch in der oberen Einkommenshälfte des Landes. Es geht einem relativ gut. Also ja, Geld macht glücklich. Doch das meiste Lebensglück erzeugt es bei den niedrigen Einkommen.

Wie zufrieden sind Sie?

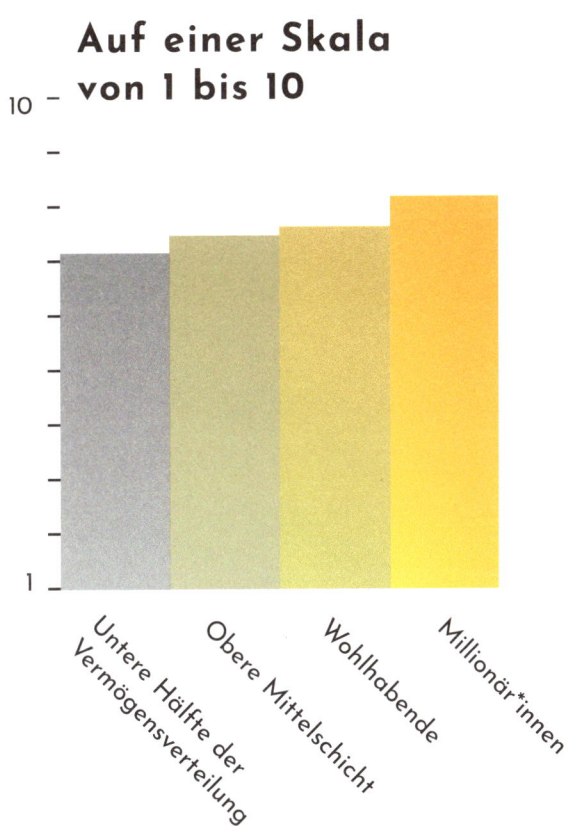

Bin ich reich?

Durchschnittliche Vermögenszusammensetzung

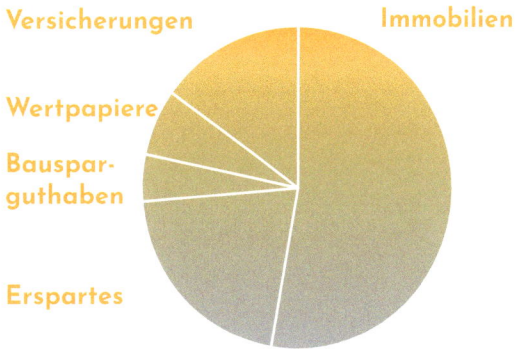

Vielen fällt ihr Reichtum gar nicht auf. Man ist oft umgeben von Menschen, die etwas mehr oder etwas weniger haben als man selbst, vermutet sich also stets in der Mitte. Außerdem weiß man immer von solchen, die sehr viel reicher sind, egal wie viel man hat. Das führt dazu, dass sich Wohlhabende oft fälschlich zur Mittelschicht zählen, auch wenn sie weit davon entfernt sind. Ab etwa einer halben Million Euro (Immobilien mit eingerechnet) gehört ein Haushalt in Deutschland zu den obersten 10 Prozent. Mit rund 70 000 Euro liegt er in der oberen Hälfte. Die Zahlen hat das Institut der deutschen Wirtschaft anhand detaillierter Umfragedaten ermittelt. Haushaltsvermögen, das sind Immobilien- und Geldvermögen minus Hypotheken und Kredite. Die verhältnismäßig häufigere Verschuldung unter den Jungen kommt vor allem von Konsum- und Ausbildungskrediten.

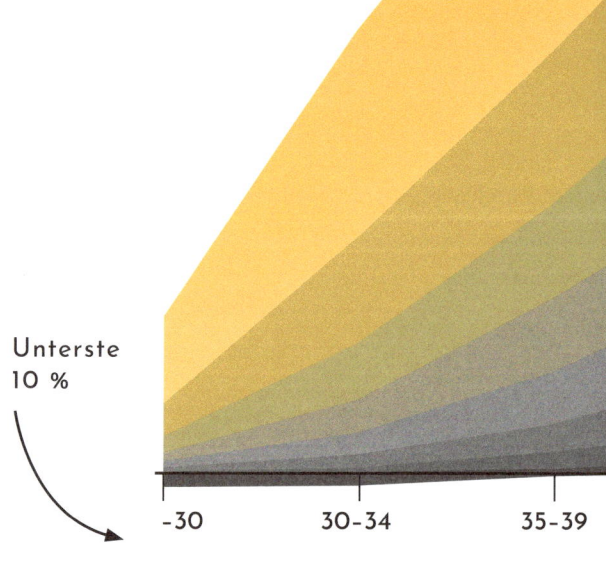

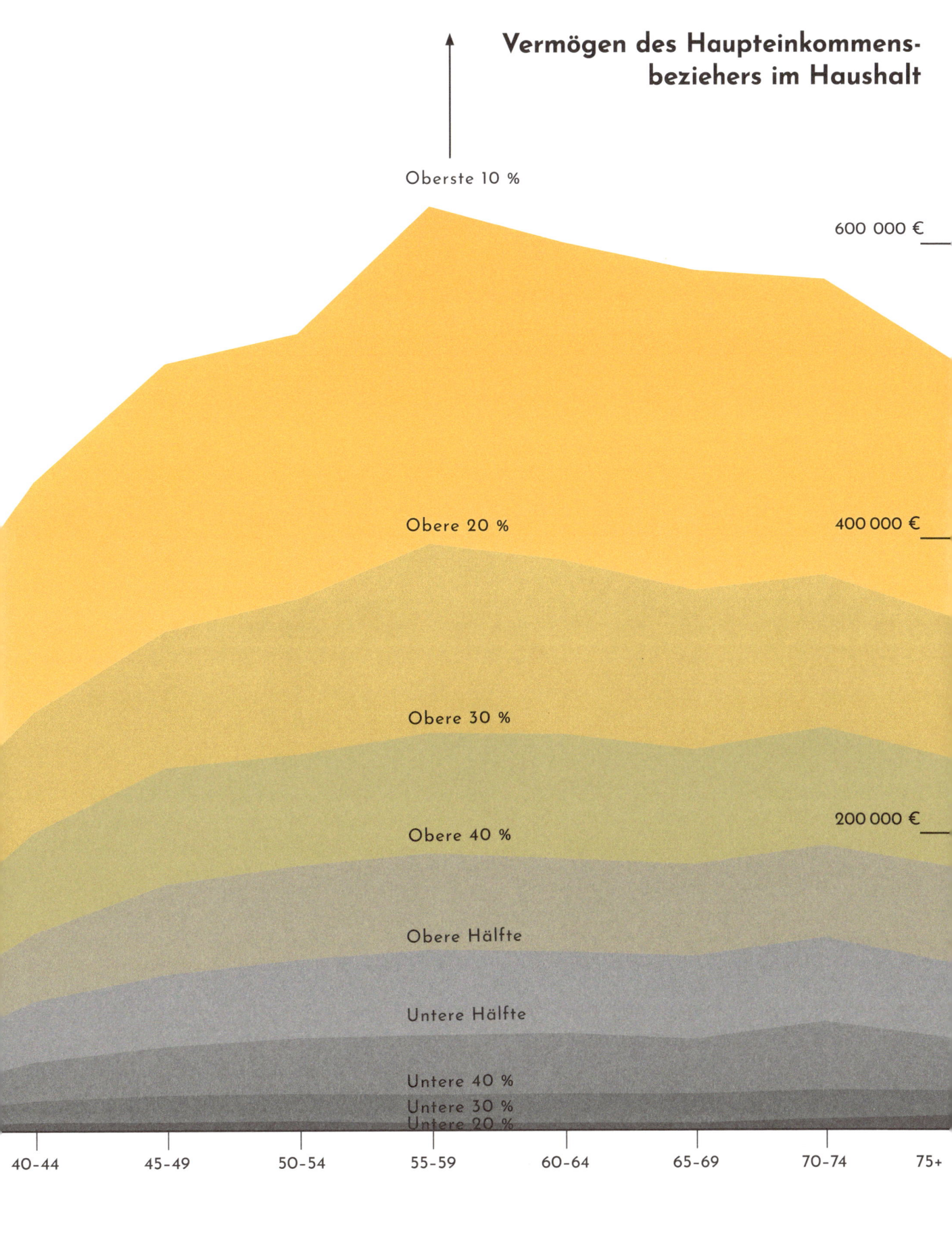

Wie viele Millionär*innen selfmade sind

Die Anzahl Millionärinnen und Millionäre ist statistisch schwer zu fassen. Für Umfragen sind Reiche schwer erreichbar, weil es wenige gibt und viele nur ungern Auskunft geben über ihr Geld. Trotzdem hat das Deutsche Institut für Wirtschaftsforschung (DIW) Haushalte mit mindestens einer Million Euro Geldvermögen gesucht. 130 Interviews kamen zustande. Sie sind nicht repräsentativ für sämtliche deutsche Millionäre, aber geben immerhin einen Einblick. 67 Prozent gaben an, dass Erbschaften und Schenkungen zu ihrem Vermögensaufbau zumindest beigetragen haben; bei 35 Prozent war es sogar der Hauptgrund, ungefähr gleichauf mit Unternehmertum. Jobs als Angestellte und Heirat waren bei jeweils rund zehn Prozent der Weg zum Reichtum.

3 von 10 Millionärshaushalten geben an, ihr Vermögen ganz ohne Erbschaft oder Schenkung erwirtschaftet zu haben.

Warum Bildungsaufstieg so schwierig ist

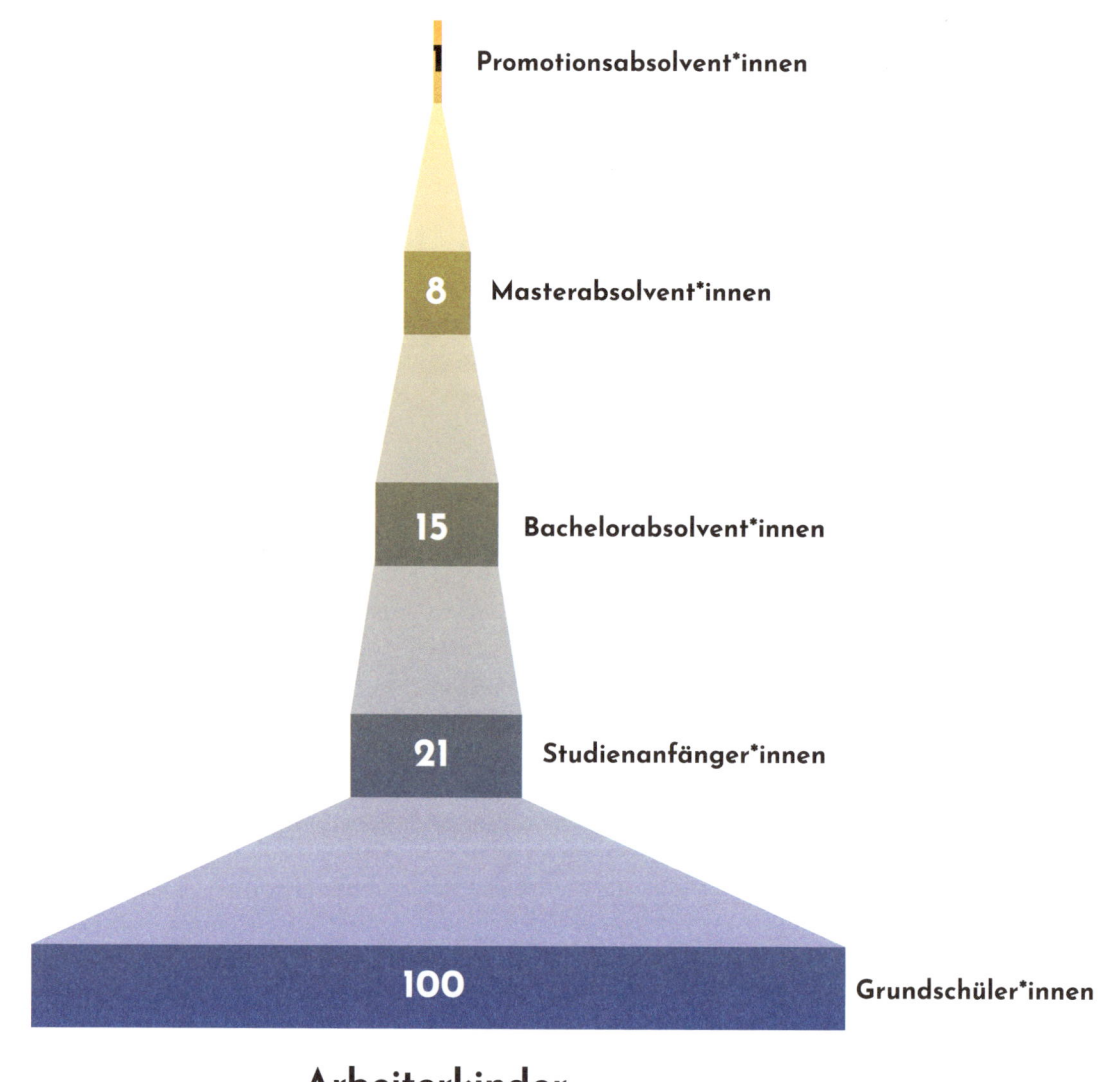

Akademikereltern haben mehr Möglichkeiten, ihre Kinder zu fördern. Sie kennen die Wege zum Studienabschluss. Ihre Kinder trauen sich mehr zu, und ihnen wird mehr zugetraut. Akademikerkinder erhalten eher eine Empfehlung fürs Gymnasium, und ihre Eltern wollen häufiger, dass sie auch hingehen. Doch geht die Selektion auch dann noch weiter, wenn das Abi in der Tasche ist, alle im gleichen Vorlesungssaal sitzen und die Eltern endlich weit weg sind. Die meisten Akademikerkinder machen nach dem Bachelor den Master, bei den Arbeiterkindern ist es gerade mal noch die Hälfte. An den Noten liegt es nicht. Viel häufiger geben Arbeiterkinder finanzielle Gründe für den Studienabbruch an. Nicht selten wollen auch einfach die Eltern, dass ihre Kinder endlich Geld verdienen.

Akademikerkinder

Wann sich der Gender-Pay-Gap auftut

Durchschnittsalter von Müttern beim ersten Kind

Bruttostundenlohn Männer

Bruttostundenlohn Frauen

25 €
20 €
15 €
10 €
5 €

25 Jahre 30 Jahre 35 Jahre

Bis 30 sind die Stundenlöhne von Männern und Frauen fast gleich. Mit dem ersten Kind driften sie drastisch auseinander, der Unterschied steigt von 10 auf fast 30 Prozent. Mütter wechseln in die Teilzeit, Väter bleiben in der Vollzeit. Teilzeitstellen sind schlechter bezahlt, insbesondere in Karriereberufen mit starkem Lohnanstieg. Die Unterschiede bei den Renten und das Risiko von Altersarmut sind für Frauen entsprechend groß (siehe nächste Seite). Ganztagsbetreuung, Anpassung von Elterngeld und Steuern, aber auch flexiblere Arbeitszeiten und geteilte Führungspositionen könnten Lösungen sein, so die DIW-Ökonominnen Annekatrin Schrenker und Aline Zucco, die die Zahlen erhoben haben. Letztlich wird sich die Gehaltslücke nur schließen, wenn auch für Väter Teilzeit normal wird.

40 Jahre   45 Jahre   50 Jahre

Wie es zum Gender-Pay-Gap kommt

Junge Frauen machen häufiger Abitur.

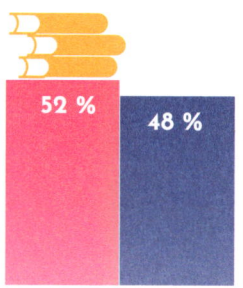

Frauen schließen häufiger ein Studium ab.

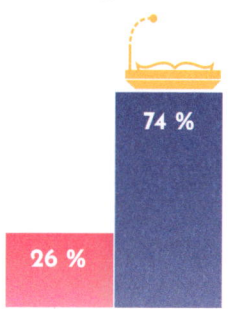

Aber die Professuren bekommen Männer.

Frauen arbeiten häufiger in Teilzeit.

Frauen gründen seltener Start-ups.

gemischte: 20 %

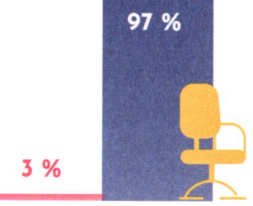

Frauen landen kaum je in Vorständen.

Berufe mit vielen Frauen sind schlechter bezahlt.

Frauen sind öfter alleinerziehend.

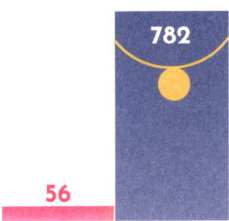
Frauen gewinnen weniger Nobelpreise ...

... und kaum je einen Oscar für Regie.

Frauen erhalten weniger Rente.

Männer finden, Frauen und Männer sind gleichberechtigt!

Wer Patente anmeldet

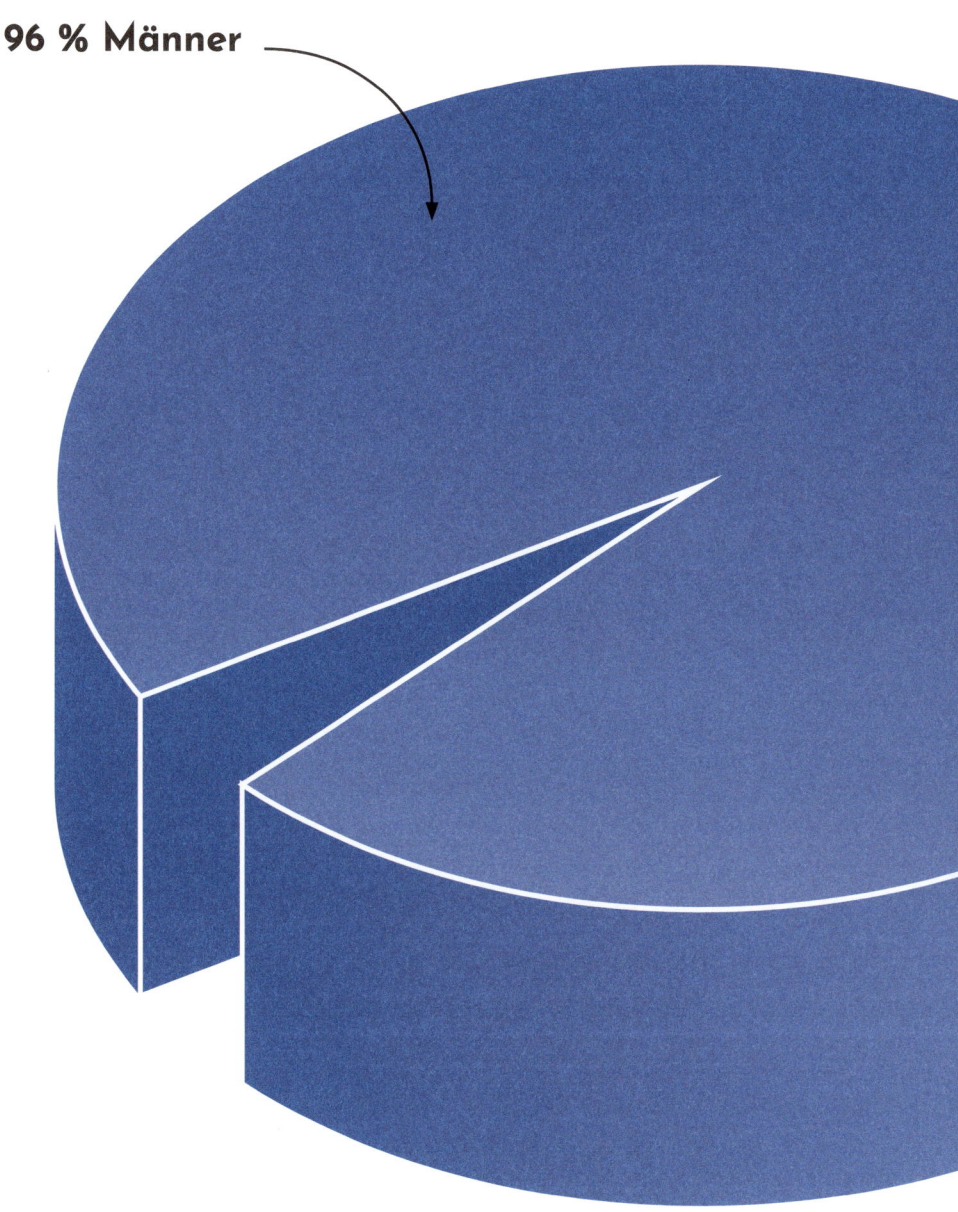

96 % Männer

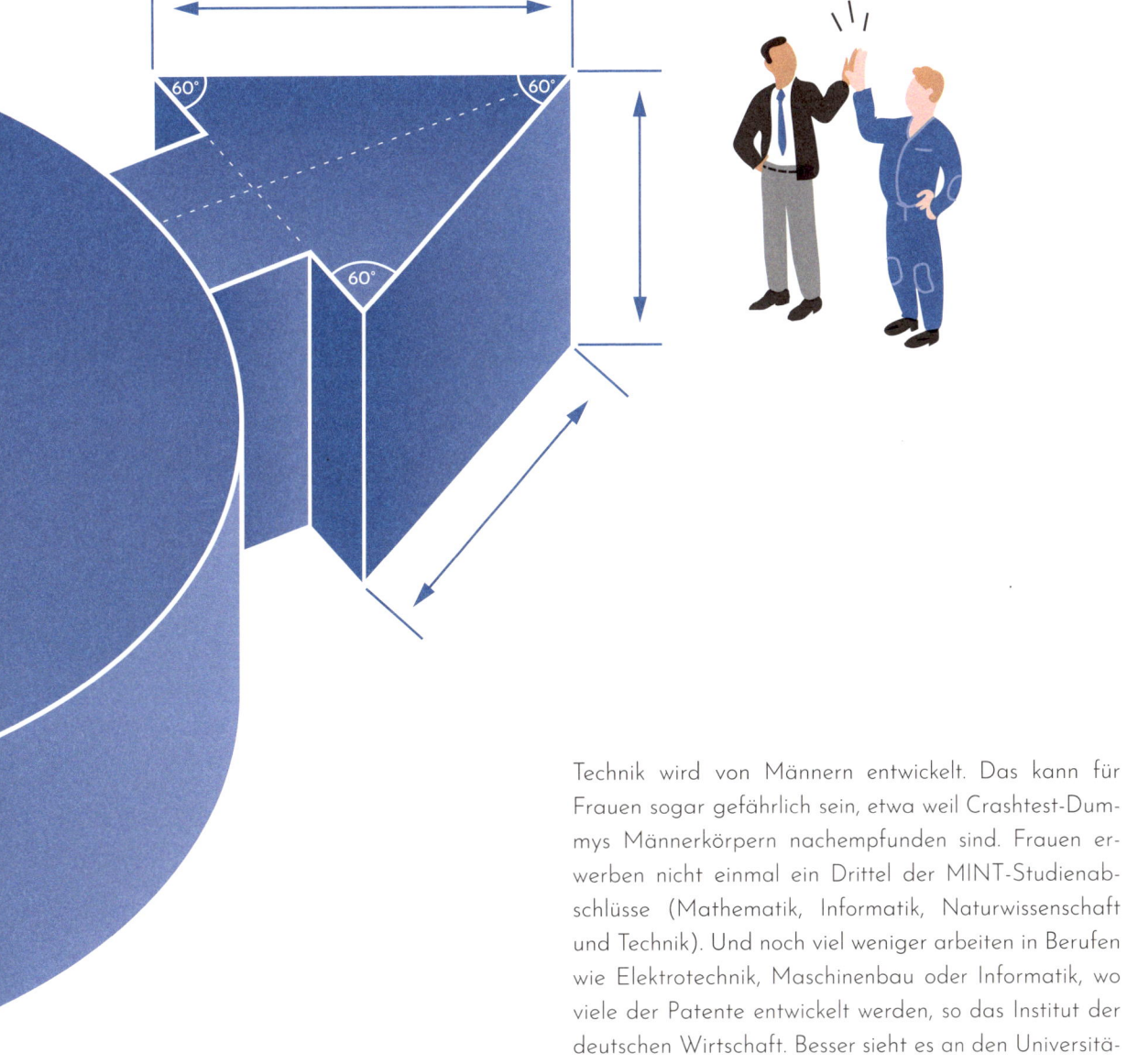

Technik wird von Männern entwickelt. Das kann für Frauen sogar gefährlich sein, etwa weil Crashtest-Dummys Männerkörpern nachempfunden sind. Frauen erwerben nicht einmal ein Drittel der MINT-Studienabschlüsse (Mathematik, Informatik, Naturwissenschaft und Technik). Und noch viel weniger arbeiten in Berufen wie Elektrotechnik, Maschinenbau oder Informatik, wo viele der Patente entwickelt werden, so das Institut der deutschen Wirtschaft. Besser sieht es an den Universitäten aus: Erfinderinnen sind dort doppelt so häufig vertreten wie in Unternehmen. Aber Universitäten melden selten Patente an.

Alter, in dem Nobelpreisforschung begonnen wird

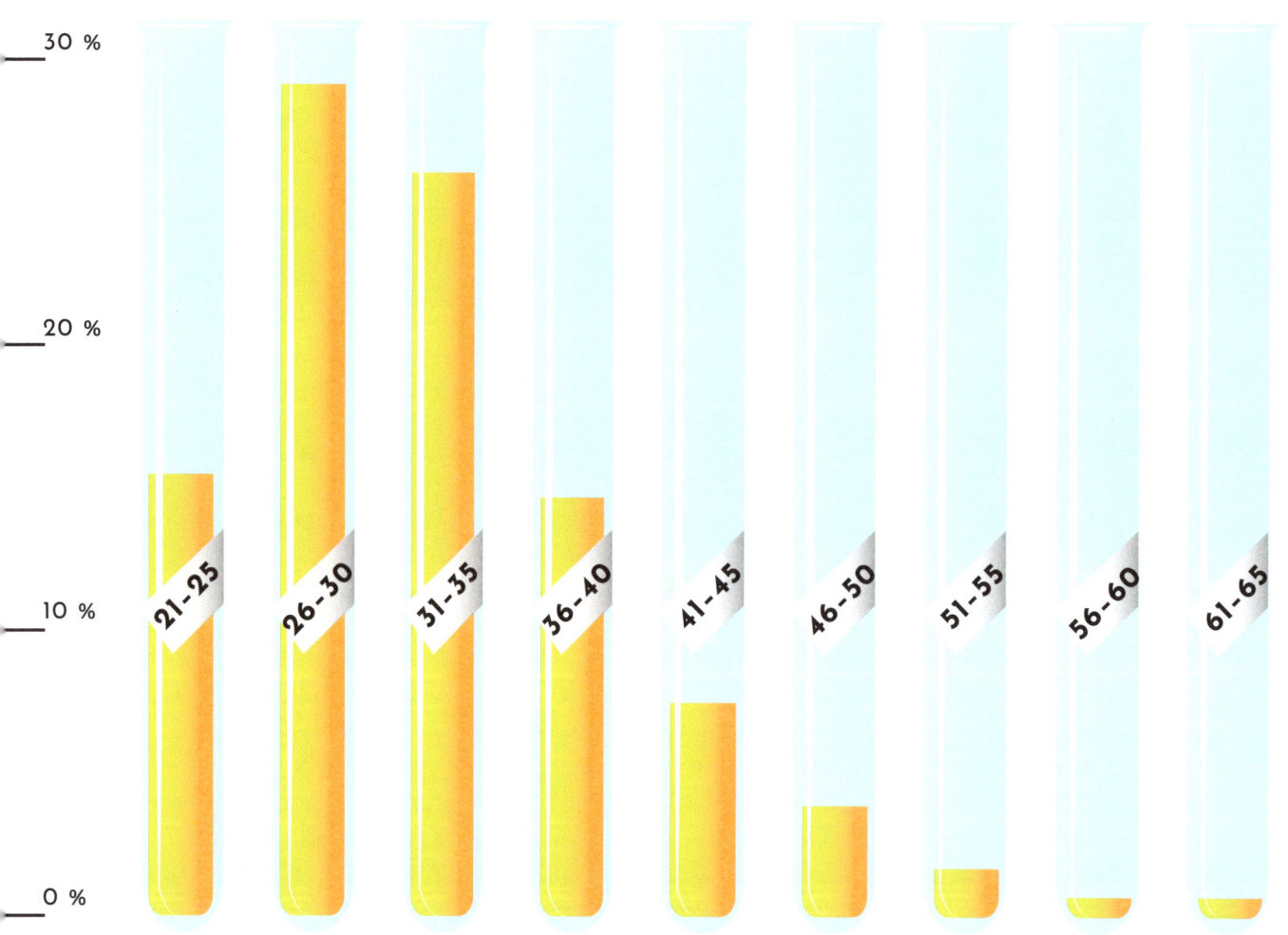

Alter, in dem Nobelpreise verliehen werden

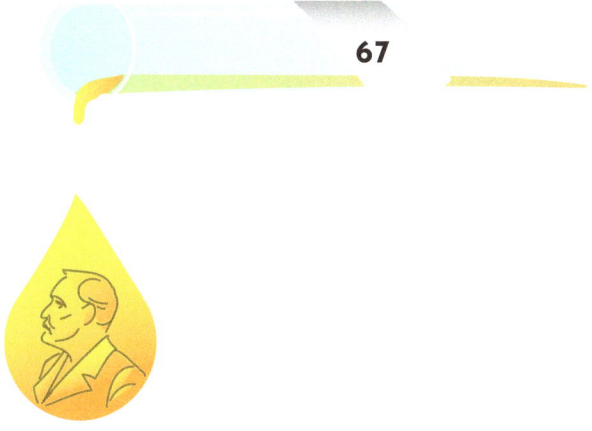

Röntgen hatte seine Strahlen mit 50 entdeckt. Dafür erhielt er den ersten Physik-Nobelpreis. Aber Röntgen blieb eine Ausnahme. Die Grundlage zum Nobelpreis legt man in jungen Jahren. Das zeigen Daten der Ökonominnen Paula Stephan und Sharon Levin. Junge Menschen haben einen unverstellten Blick auf die Welt und viele neue Ideen. Ihre Wissen mag noch beschränkt sein, ist aber nah an aktuellen Trends. Auch arbeiten sie eher in Gebieten, in denen vielleicht große Durchbrüche bevorstehen. Wer bereits in jungen Jahren mit guten Ideen auffällt, wird aber auch eher gefördert, und wird so zur sich selbst erfüllenden Prophezeiung. Allerdings erfassten die Forscherinnen nur die Nobelpreise für Chemie, Physik und Medizin. In der Literatur sähe es womöglich anders aus.

Sehr zufrieden

Ziemlich zufrieden

Wann die Lebenszufriedenheit sinkt und (womöglich) wieder steigt

Nicht sehr zufrieden

20 Jahre 30 Jahre 40 Jahre

Ist Zufriedenheit abhängig vom Alter? Die Frage ist kompliziert und kontrovers. Zum Beispiel lässt sich das Alter nur schwer vom Zeitalter trennen. Sind die 70-Jährigen heute zufrieden, weil sie in guten Zeiten lebten? Oder weil man im Alter glücklicher wird? Der Ökonom David Blanchflower glaubt Letzteres. Lebenszufriedenheit sei U-förmig. Man sehe das auch daran, dass Depressionen in der Lebensmitte häufiger seien. Dann, wenn einem klar werde, dass man seine Ziele nicht alle erreicht und seinen Ansprüchen nicht immer gerecht wird. Im Alter werde man milder mit sich selbst. Ein Grund für die scheinbar glücklichen Alten könnte aber auch sein, dass glückliche Menschen einfach länger leben. Oder dass sich Menschen im Alter – trotz körperlicher Beschwerden – glücklich schätzen, überhaupt noch am Leben zu sein. Das Altersglück wäre dann ein statistischer Überlebensirrtum (siehe S. 180).

60 Jahre   70 Jahre   80 Jahre

Wege aus der Midlife-Crisis

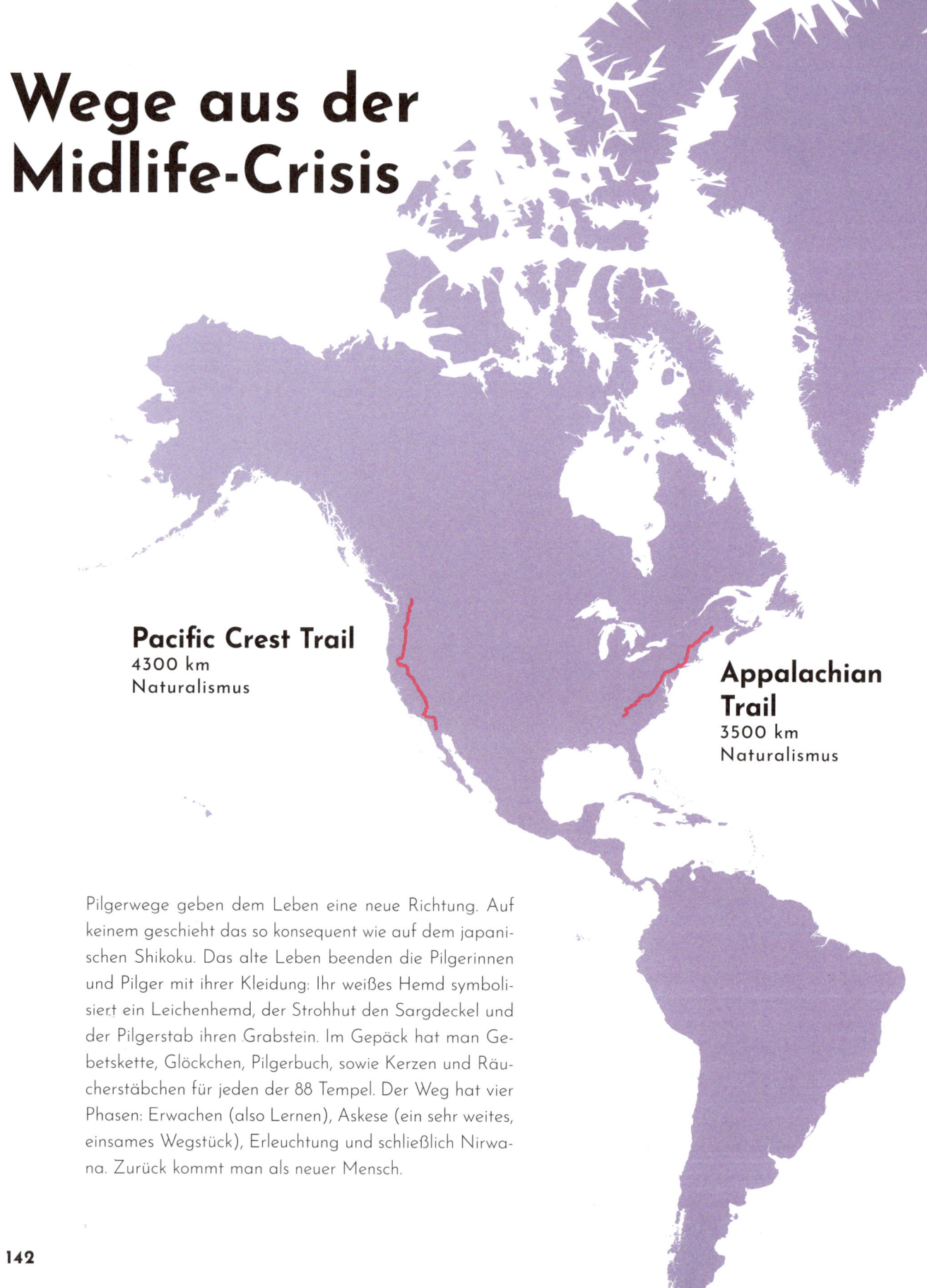

Pacific Crest Trail
4300 km
Naturalismus

Appalachian Trail
3500 km
Naturalismus

Pilgerwege geben dem Leben eine neue Richtung. Auf keinem geschieht das so konsequent wie auf dem japanischen Shikoku. Das alte Leben beenden die Pilgerinnen und Pilger mit ihrer Kleidung: Ihr weißes Hemd symbolisiert ein Leichenhemd, der Strohhut den Sargdeckel und der Pilgerstab ihren Grabstein. Im Gepäck hat man Gebetskette, Glöckchen, Pilgerbuch, sowie Kerzen und Räucherstäbchen für jeden der 88 Tempel. Der Weg hat vier Phasen: Erwachen (also Lernen), Askese (ein sehr weites, einsames Wegstück), Erleuchtung und schließlich Nirwana. Zurück kommt man als neuer Mensch.

Welcher Religion soll ich beitreten?

	Buddhismus	Christentum	Daoismus	Hinduismus
Zeitaufwand für Konversion	> 1 h: Die "Zuflucht" aufsagen	> 1 h: Taufen lassen	Wochen: Daoist als Lehrer finden	Konversion nicht vorgesehen (Ausnahme: Hare Krishna)
Mitgliedsbeitrag in Deutschland	€ 60/Jahr plus Dāna (Spende oder freiwillige Arbeit)	8 oder 9 % der Einkommenssteuer	Spenden	Spenden sowie Opfer für Götter
Frequenz der Rituale	Meditation nach Bedarf, idealerweise täglich	Beten nach Bedarf, Gottesdienst sonntags	Übungen (ähnlich Qigong), je mehr, desto besser	Tägliche Mantras und Opfergaben
Begegnungsstätten in Deutschland	63 Gemeinden	45 600 Kirchen	2 Gemeinden	24 Tempel
Länge der Tradition in Jahren	2609	2021	≈ 2350	≈ 3000
Flugstunden (von Frankfurt aus) zur heiligsten Stätte	12:55 h nach Bodh Gaya, Buddhas Ort der Erleuchtung	4:05 h nach Jerusalem, wo Jesus gekreuzigt wurde	18:40 h nach Jinan nahe dem Tai Shan, einem der fünf Heiligen Berge	10:55 h nach Varanasi, der Stadt Shivas am Ganges
Erfolgreichster Blockbuster	Sieben Jahre in Tibet: $ 132 Mio.	Die Passion Christi: $ 370 Mio.	Tiger & Dragon: $ 214 Mio.	Eat Pray Love: $ 205 Mio.
Gröbster Verstoß des Propheten gegen die Naturwissenschaft	Ein weißer Elefant zeugte Buddha	Jesus ging übers Wasser	Laozi wurde 160-200 Jahre alt	Vishnu, Shiva u. a. Götter wurden in Eis gebrütet

Islam	Judentum	Schamanismus	Shintoismus	Sikhismus	Voodoo
> 1 h: Schahāda aufsagen	Jahre: Prüfung der Gründe, Probezeit, Beschneidung, Tauchbad	Stunden: Ritual besuchen	Wochen: Schrein in Japan besuchen	Wochen: Schrift »Gurū Granth Sāhib Jī« studieren	Monate: Spirituelle Eingliederung in Kultgruppe
Spende an Gemeinde sowie 2,5 % des Einkommens (Zakat) an Bedürftige	Variierender Prozentsatz der Einkommenssteuer	Basis-Workshop bei Foundation for Shamanic Studies: € 150	€ 5–100/Ritual in Japan	€ 30/Jahr für Sikh-Verband plus Spenden	Opfergaben bei Ritualen
5x/Tag Beten, Moschee am Freitag, jährlich Ramadan, einmal Haddsch	3x/Tag Beten sowie Synagoge am Sabbat	Rituale bei Verletzung, Krankheit, Entscheidungen	Schreine besuchen nach Bedarf sowie an Neujahr	Regelmäßig meditieren und singen, Gottesdienst sonntags	Nach Bedarf, so das Orakel ein Ritual verlangt
2800 Moscheen	100 Synagogen	≈ 4000 Berater	Keine	37 Gurudwaras	Keine
1411	≈ 4000	≈ 4000	≈ 1300	552	4000
5:30 h nach Jeddah nahe Mekka, Geburtsort Mohammeds	4:05 h nach Jerusalem, wo Gott Adam formte	21:05 h nach Cuzco nahe Machu Picchu	17 h nach Nagoya nahe Ise, Japan, wo der Amaterasu-Schrein steht	12:50 h nach Amritsar, wo der Goldene Tempel steht	9:10 h nach Cotonou nah Dassa-Zoumé, Benin, zum Ogun-Schrein
Mohammed – Der Gesandte Gottes (1976): $ 15 Mio.	Der Prinz von Ägypten: $ 219 Mio.	Der Schamane und die Schlange: $ 1,4 Mio.	Prinzessin Mononoke: $ 159 Mio.	Chaar Sahibzaade: $ 10 Mio.	James Bond – Leben und sterben lassen: $ 126 Mio.
Mohammeds Herz wurde in Schnee gereinigt	Abraham wurde 175 Jahre alt	Schamanen wird in der Unterwelt das Fleisch mit Fleisch ihrer Sippe ersetzt	Weil sich Sonnengöttin Amaterasu in einer Höhle versteckte, wurde es Nacht	Guru Nanak Dev Ji stoppte einen rollenden Fels von Hand, Abdruck noch sichtbar	Legba hat einen dauerhaft erigierten Penis

Durch welche Körperteile der Geist geht

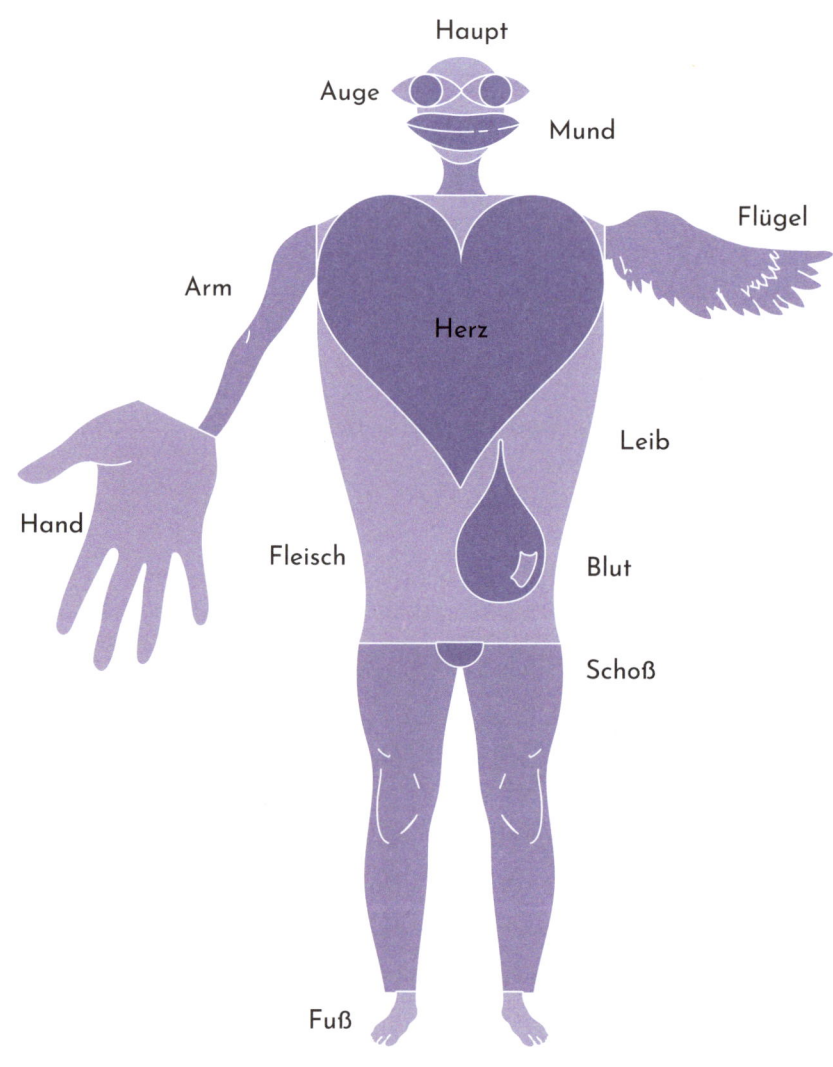

Kirchenlieder

Meditationen und Kirchenlieder sollen heilen. Meditationen, indem sie durch den eigenen Körper führen, der schmerzt und nicht zur Ruhe kommt. Kirchenlieder, indem sie den Leib des Herrn beschwören, der für die Menschheit gestorben ist. Über welche Körperteile sie das tun? Hören wir ihnen einfach zu. Die Daten basieren auf einer automatischen Sprachanalyse von geführten YouTube-Meditationen sowie Kirchenliedertexten.

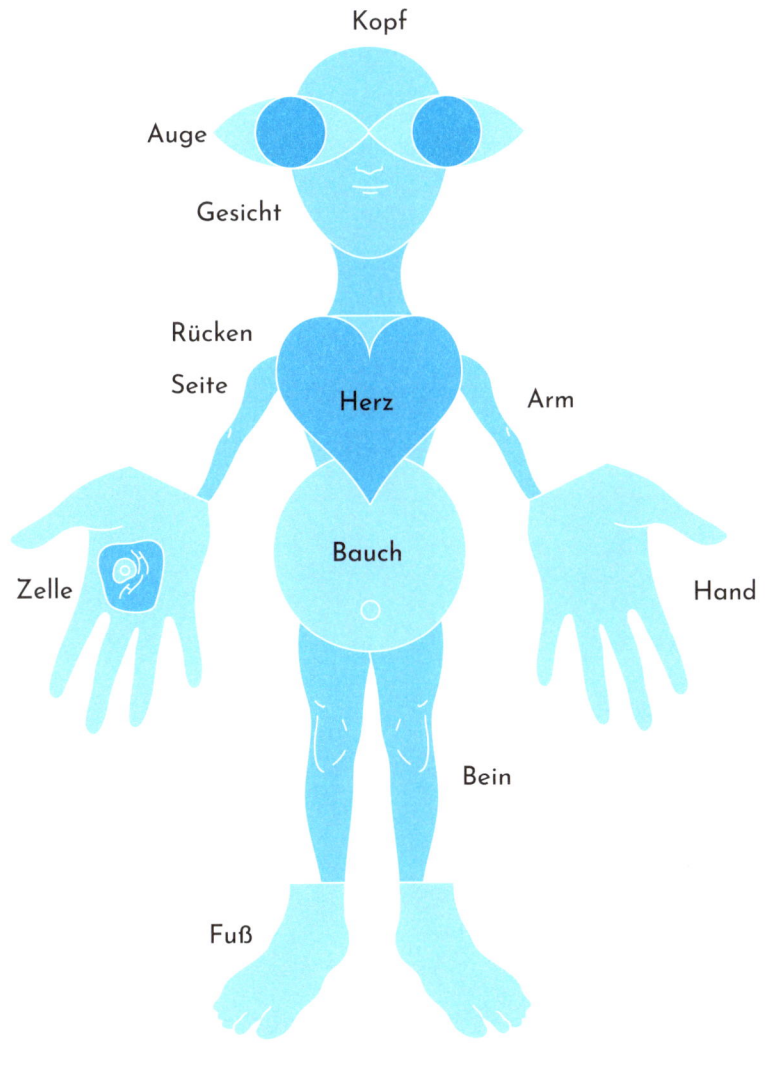

Meditationen

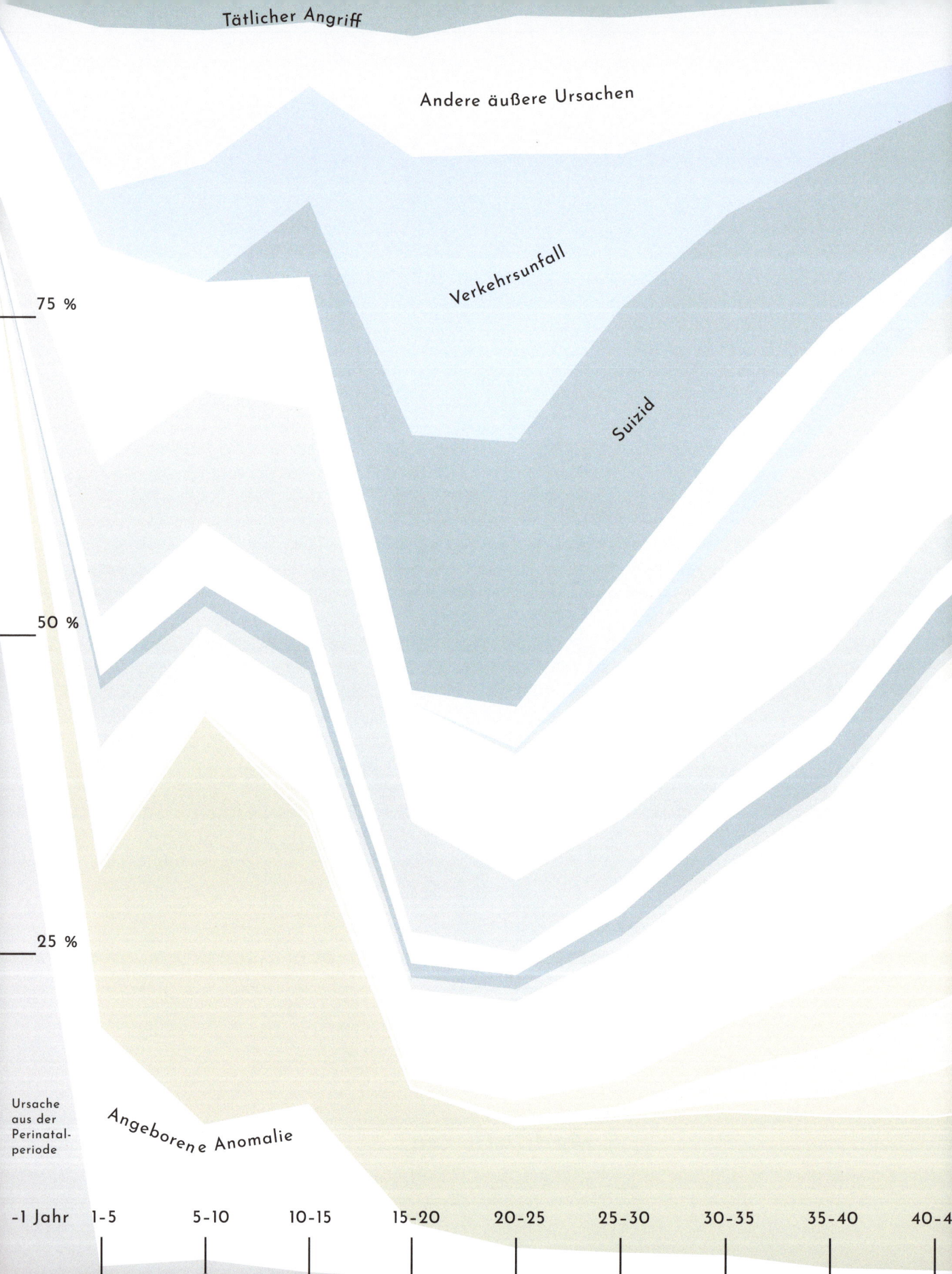

Psychische Verhaltensstörungen durch Alkohol

Psychische Verhaltensstörung (oft Demenz)

Alkoholbedingte Leberkrankheit

Nervensystem

Hormondrüse und Stoffwechsel

Verdauungssystem

Weitere

Grippe und Lungenentzündung

Atmungssystem

Woran wir sterben

Die Grafik zeigt die Grundleiden, die zum Tod geführt haben. Also das, was die Ärztin oder der Arzt in den Totenschein einträgt. Alzheimer gilt zum Beispiel als Todesursache, wenn jemand aufgrund der Erkrankung nicht mehr Kauen und Schlucken kann oder wegen des geschwächten Immunsystems an einer Lungenentzündung stirbt.

Kreislauf (etwa Herzinfarkt)

Magenkrebs/Darmkrebs

Brustkrebs

Lungenkrebs

andere Krebsarten

| 45-50 | 50-55 | 55-60 | 60-65 | 65-70 | 70-75 | 75-80 | 85-90 | 90-95 |

Warum Männer eher sterben als Frauen

- 1 Jahr: 3,7 / 2,8
1-4 Jahre: 3,3 / 1,8
5-14 Jahre: 1,7 / 0,7

Tödliche Unfälle je 100 000 Kinder

Männer sterben schon häufiger, wenn sie noch gar keine Männer sind.

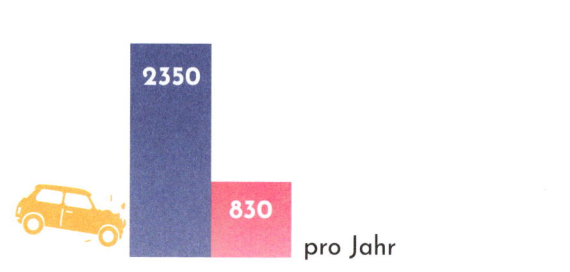

2350 / 830 pro Jahr

Männer sterben häufiger im Straßenverkehr.

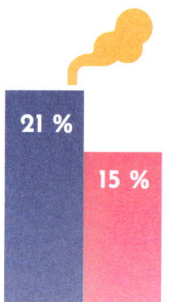

21 % / 15 %

Männer rauchen mehr.

704 / 415 Fahrlässige Tötung
175 / 126 Totschlag
179 / 207 Mord

Männer werden häufiger getötet.

7374 / 2464 pro Jahr

Männer nehmen sich häufiger das Leben.

An so gut wie jeder Todesursache sterben Männer früher als Frauen. Biologisch lässt sich das nicht erklären. Es sind die männlichen Verhaltensweisen, die tödlicher sind, aber auch ihre Berufe. Männer sind beispielsweise aus beruflichen Gründen viel mehr mit dem Auto unterwegs. Sie fahren aus männlichen Gründen aber auch häufiger zu schnell. Beides drückt die Lebenserwartung.

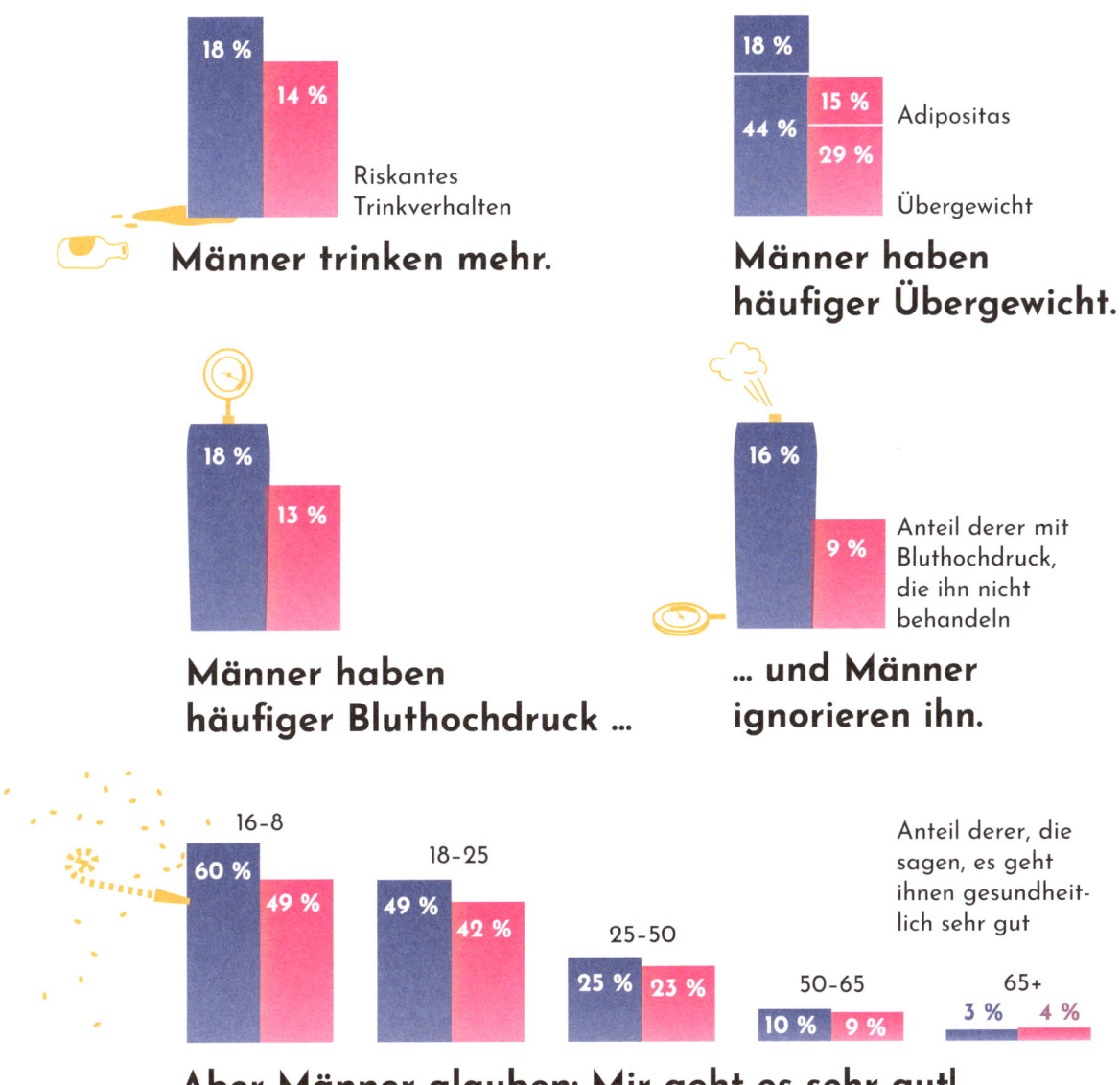

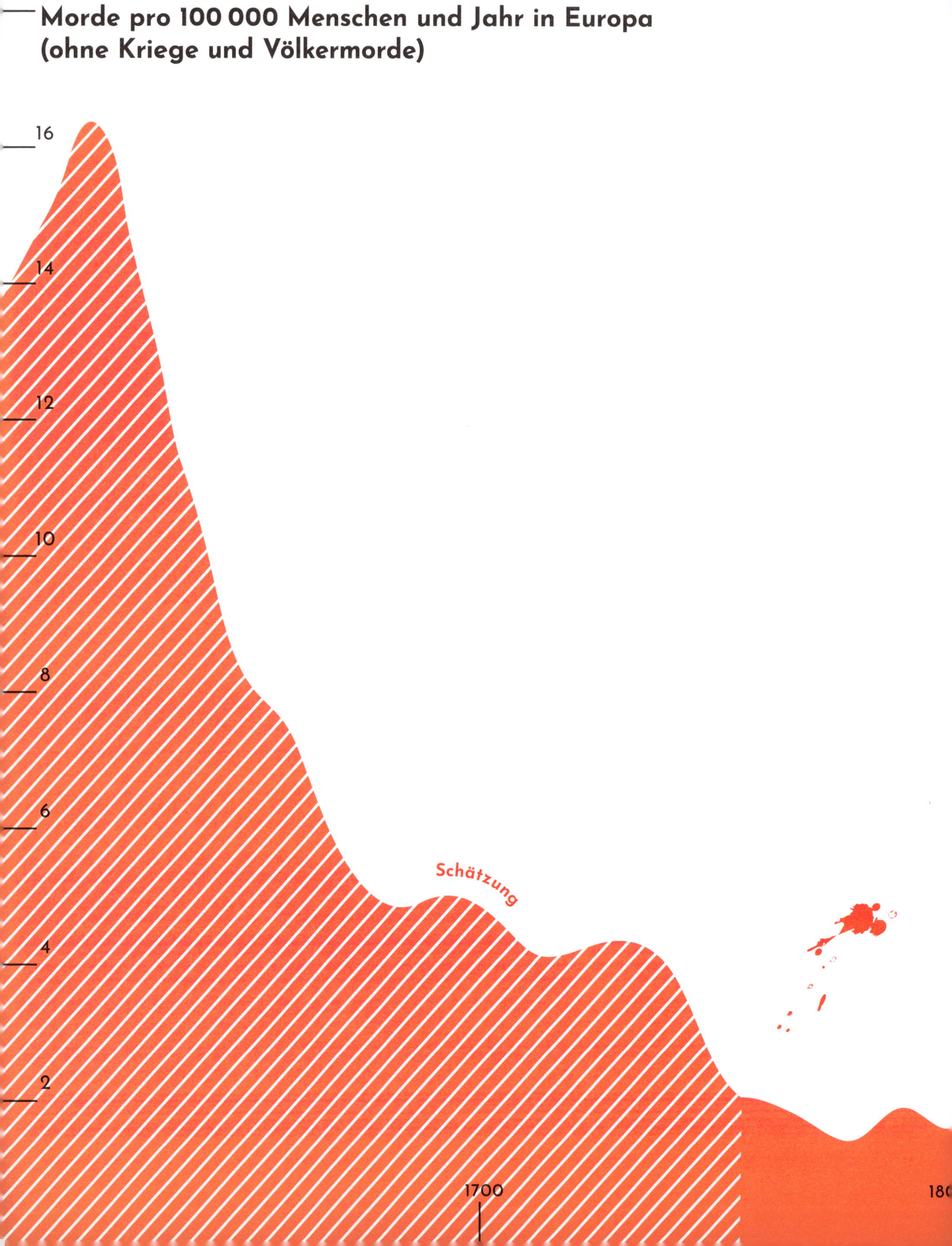

**Morde pro 100 000 Menschen und Jahr in Europa
(ohne Kriege und Völkermorde)**

Schätzung

1700

180

Warum Morde aussterben

Das düstere Mittelalter ist vorbei. Duelle sind längst verboten. Machtübergaben gehen heute auch ohne Mord. Und seit dem 19. Jahrhundert versuchen Staaten, Alkoholkonsum zu reduzieren und Selbstbeherrschung als Tugend zu vermitteln. Dass die Mordrate ab den 1960er Jahren nochmals etwas anstieg, könnte daher kommen, dass alte Institutionen und Überzeugungen durch die antiautoritäre Bewegung wieder infrage gestellt wurden. Aber das ist nur eine Theorie. Historisch betrachtet ging die Mordrate vor allem zurück, weil öffentliche Gewalt zwischen Männern weniger wurde, so der Historiker Manuel Eisner, der diese Zahlen erhebt. Heute sind die Opfer oft Frauen, infolge häuslicher Gewalt.

Letzter Anstieg in den 1960er bis 1990er Jahren

1900 2000

Endlich Nichtraucher!

Als in den 1930er Jahren Lungenkrebs plötzlich stark zunahm, verdächtigte kaum jemand das Rauchen. Zigaretten waren so normal wie Milch. Den Beweis, dass sie Lungenkrebs verursachen, erbrachte erst eine einfache Studie in den fünfziger Jahren. Über ein neues Ärzteregister in England schrieben die Wissenschaftler Richard Doll und Austin Bradford Hill Mediziner an und fragten, ob und wie viel sie rauchten. Die meisten antworteten (und rauchten). Über die nächsten Jahre verfolgten die Forscher, welche verstarben und woran. Das Resultat war eindeutig: Rauchen verursacht Lungenkrebs. Die Behörden reagierten allerdings zögerlich. Und die Tabakindustrie konterte die Resultate mit Kampagnen. 20 Jahre sollte es dauern, bis der Zigarettenkonsum endlich zurückging. Die Daten hier zeigen die Entwicklung in den USA, wo es einfacher ist, lange Zeitreihen nachzuzeichnen.

Zigaretten pro Erwachsenem und Tag

Weltwirtschaftskrise

Ende des 2. Weltkriegs

Erste Studien belegen, dass Rauchen Krebs verursacht

Gegenkampagnen der Tabakindustrie

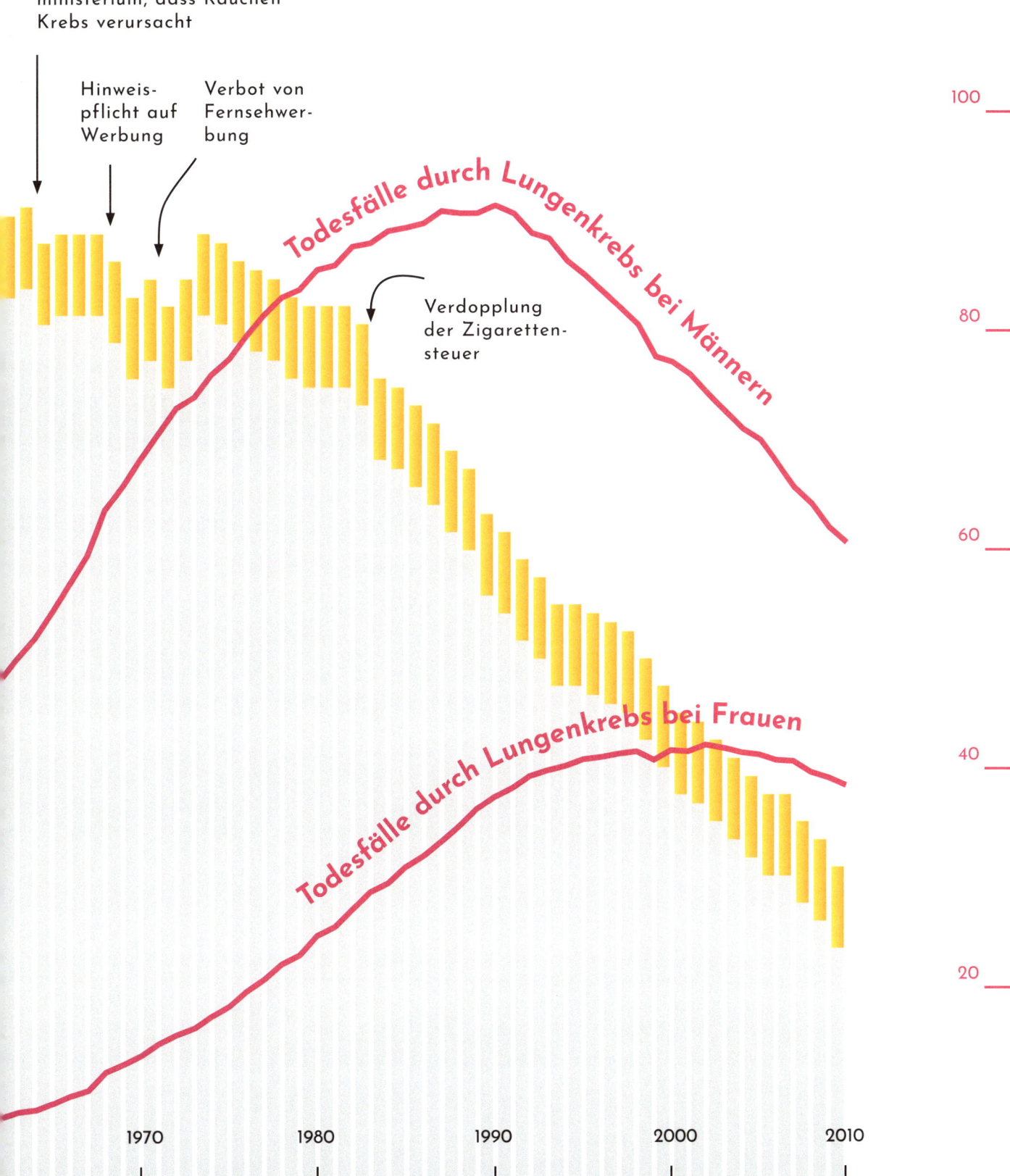

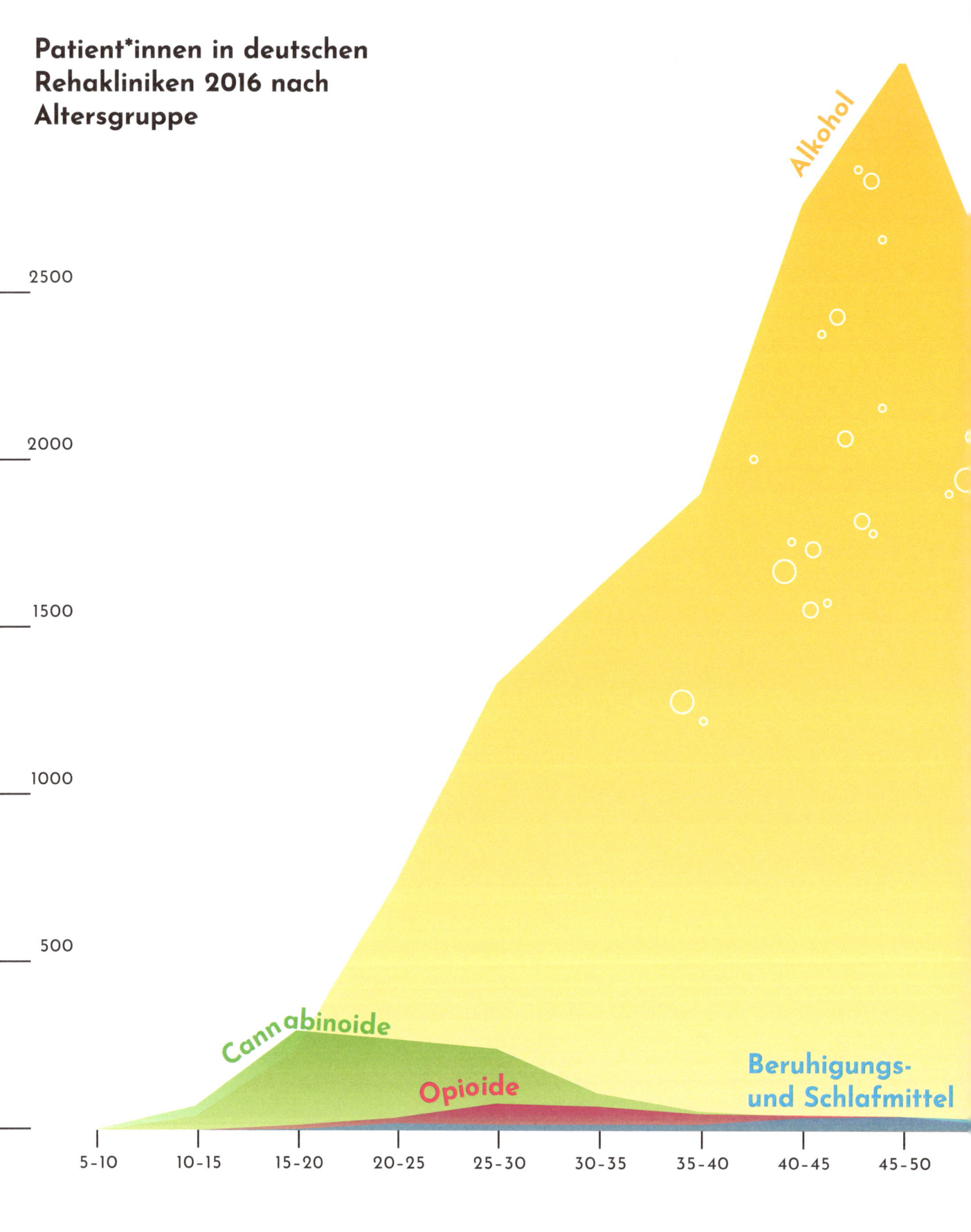

Welche Süchte in die Reha führen

Rausch verbindet man mit wilder Jugend. Alkoholsucht aber baut sich meist über Jahrzehnte auf und wird erst in der Lebensmitte sichtbar. Dann, wenn körperliche Schäden auftreten, das soziale Umfeld stärker leidet und man beruflich nicht mehr funktioniert. Beim Kiffen hingegen ist die Suchtgefahr kleiner. Cannabis kann aber schon früh psychische Schäden verursachen, die sich dann durchs ganze Leben ziehen. Beruhigungs- und Schlafmittel werden meist erst in der Lebensmitte zum Problem, wenn auch ihr Konsum zunimmt. Generell werden Süchte im Alter etwas weniger. Der schnelle Reha-Rückgang vor der Rente kommt daher, dass Reha die berufliche Wiedereingliederung zum Ziel hat.

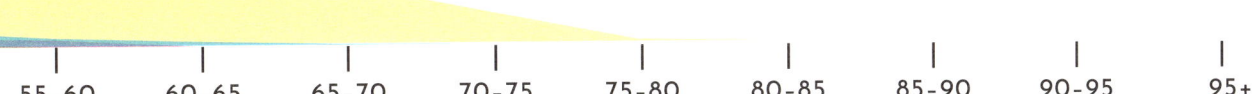

Warum die Lebenserwartung nicht immer steigt

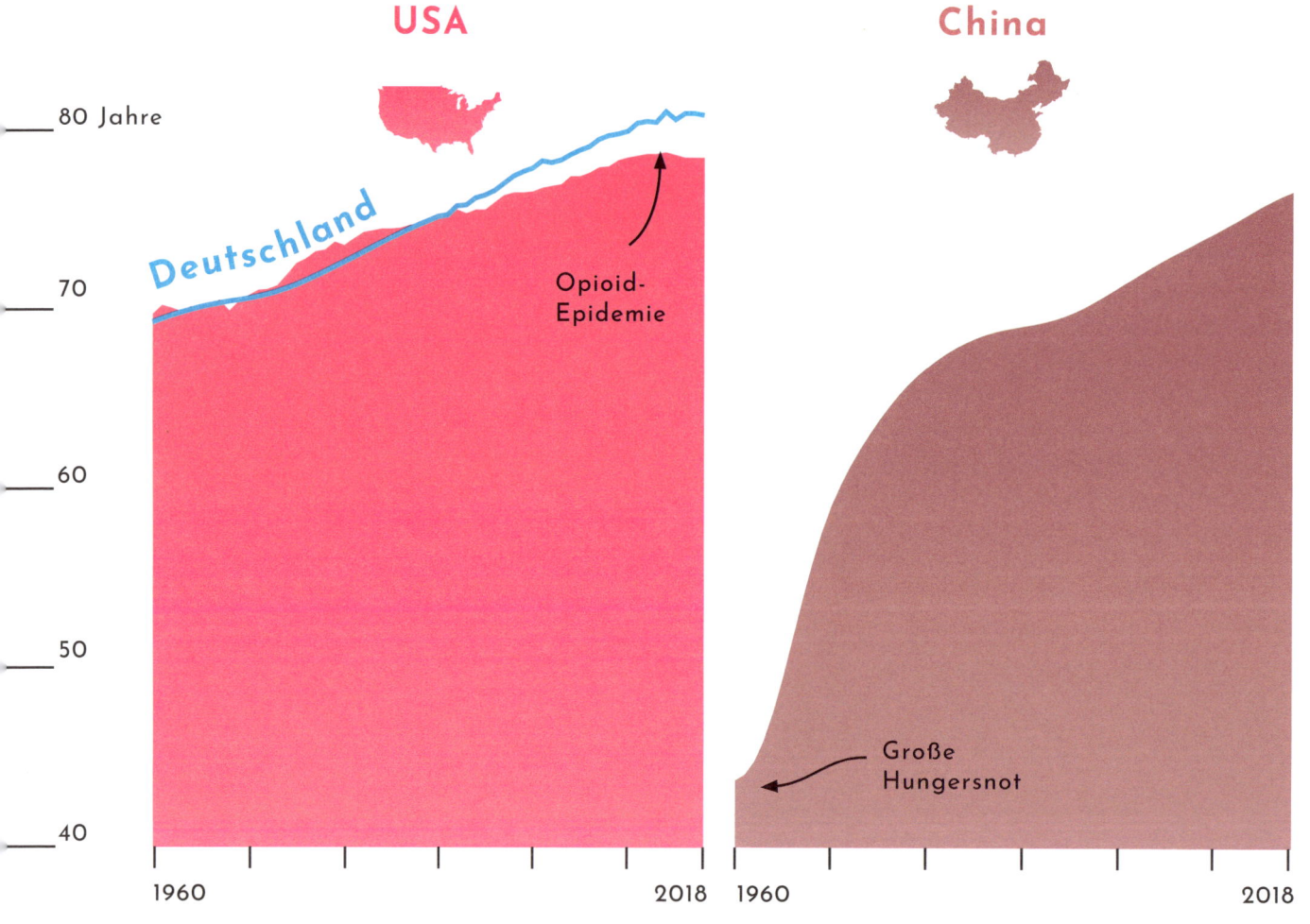

Die Lebenserwartung ist einer der wichtigsten Gradmesser für das Wohlergehen in einem Land. Dass sie – wie in Deutschland – ständig steigt, gilt als Selbstverständlichkeit. Doch nicht erst Corona zeigte, wie trügerisch das ist. In China brach die Lebenserwartung infolge der Großen Hungersnot von 1959 bis 1961 dramatisch ein. 15–50 Millionen Menschen fielen der Umorganisation der Landwirtschaft zum Opfer. In Südafrika ist es die Aids-Epidemie, unter der das Land bis heute leidet. In Russland stagnierte die Lebenserwartung bereits zu Sowjetzeiten und brach ein, als das System kollabierte. Unsicherheit, schlechte Ernährung, Alkohol, Suizide und der Zerfall des Gesundheitssystems trugen dazu bei. In den USA fällt die Lebenserwartung derzeit infolge von Opioid-Epidemie, Alkohol und Suiziden.

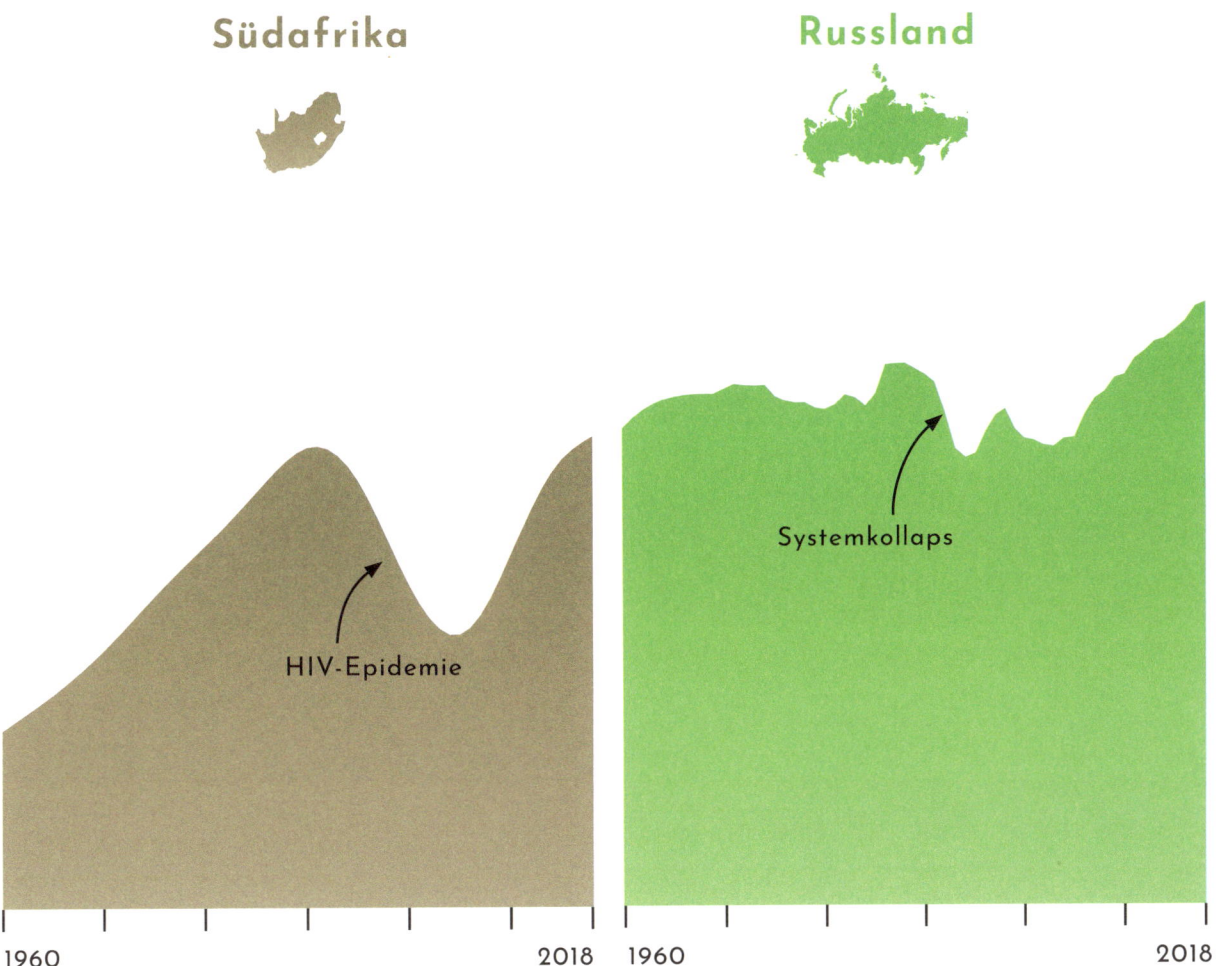

Kommt ein Zombie nach Deutschland

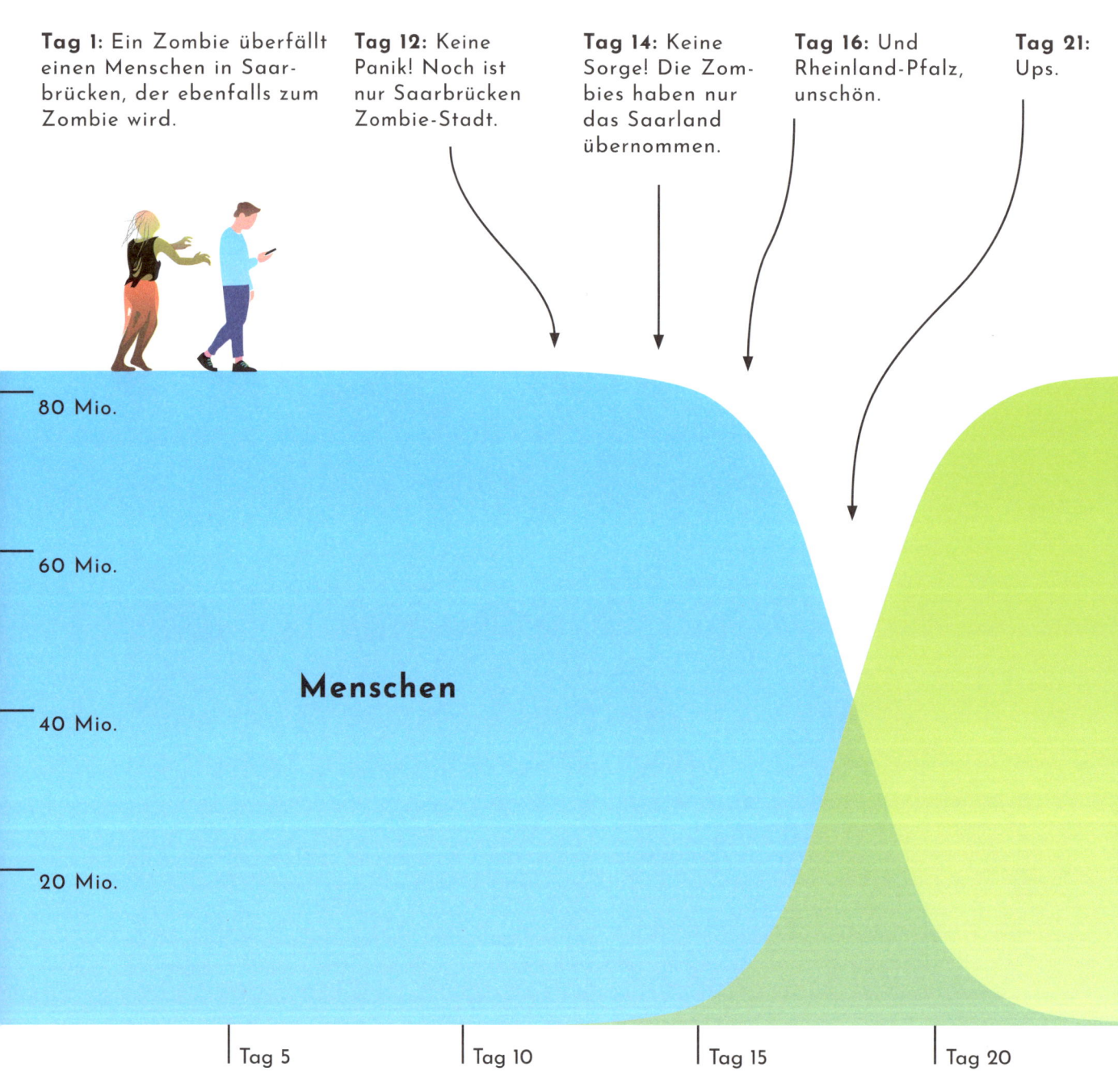

1,5 Monate später:
Der letzte Mensch wird zum Zombie.

Zombies

| Tag 30 | Tag 35 | Tag 40 | Tag 45

Wikipedia, was ist exponentielles Wachstum?!

Wenn man nur eine Sache aus der Statistik kennen sollte, dann wohl exponentielles Wachstum. Also, was es bedeutet, wenn sich eine Zahl in bestimmten Zeiträumen immer um denselben Faktor multipliziert. Warum das so existenziell wichtig ist? Es gibt zwei Gruppen von Zahlen: gemächliche Zahlen, die linear wachsen, also stets nur um die gleiche Zahl größer (oder kleiner) werden. Und exponentiell wachsende, explosive. Anfangs sehen diese Zahlen fast gleich aus. Doch wer sie miteinander vergleicht, vergleicht Birnen mit Bomben. Exponentielles Wachstum ist extremes Leben. Wo es ausbricht, ist nichts mehr wie es war.

Ein Virus beginnt, in Deutschland exponentiell zu wachsen.

2019

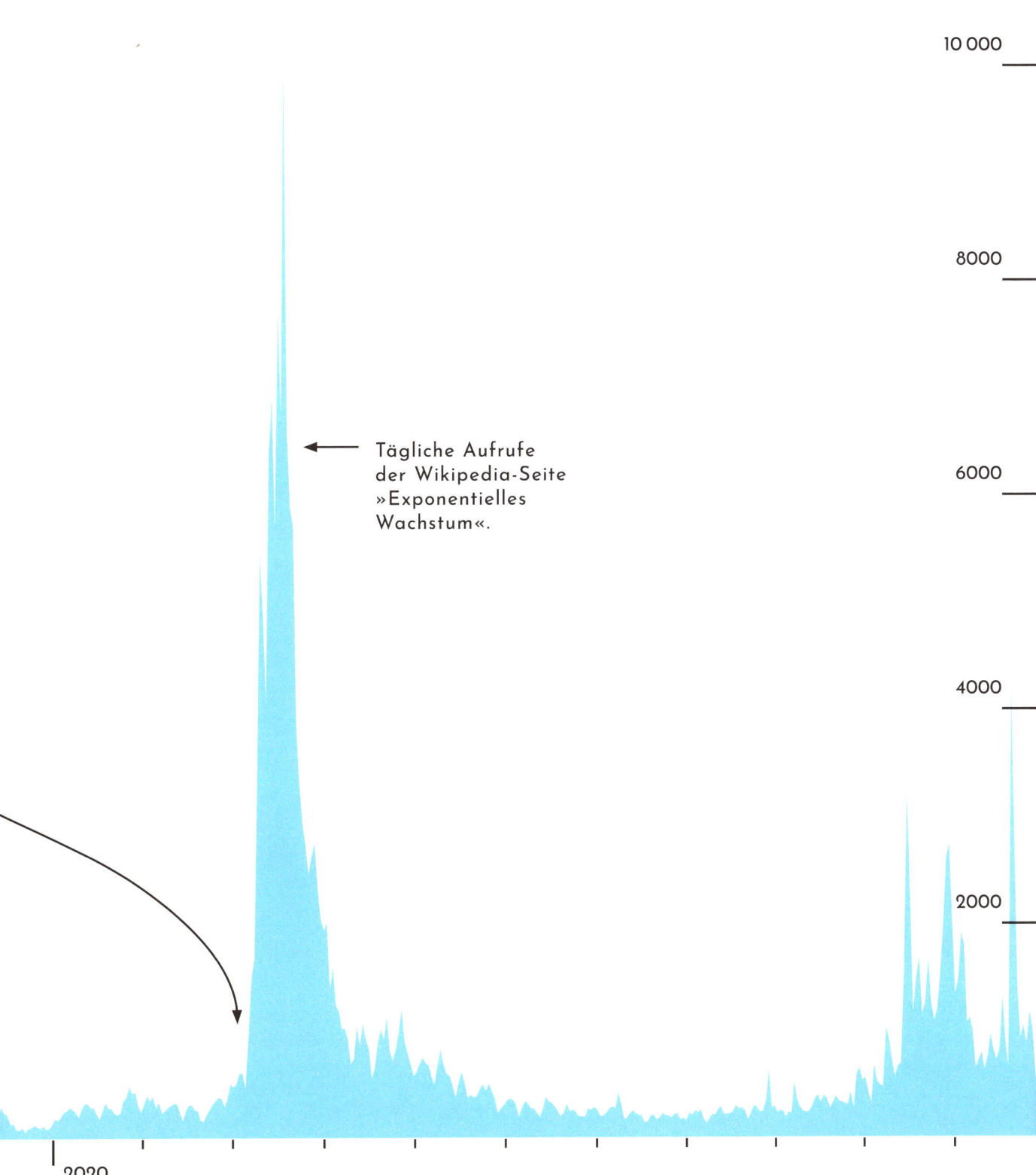

Wann man den Ball abgibt

Weil sich die Menschen beruflich immer weniger bewegen, werden sie sportlich aktiver. Wer ständig sitzt, fürchtet irgendwann, nicht mehr aus dem Sessel hochzukommen. Deshalb machen Leute, die besser verdienen (also eher am Schreibtisch sitzen), auch etwas häufiger Sport. In der zweiten Lebenshälfte aber beginnt das, was Soziologen »gesundheitsmotivierte Sportaktivität« nennen: den Ball abgeben (zu gefährlich für die Knochen) und stattdessen Walken gehen oder Gymnastik machen (worunter hier auch Sturzprophylaxe, Rückenschule oder Qigong fallen). Das zeigen diese Daten des Max-Weber-Instituts der Universität Heidelberg. Ein weiterer Grund für den Anstieg: Man braucht nach 60 einfach etwas länger für die Gymnastik – und hat mehr Zeit dafür.

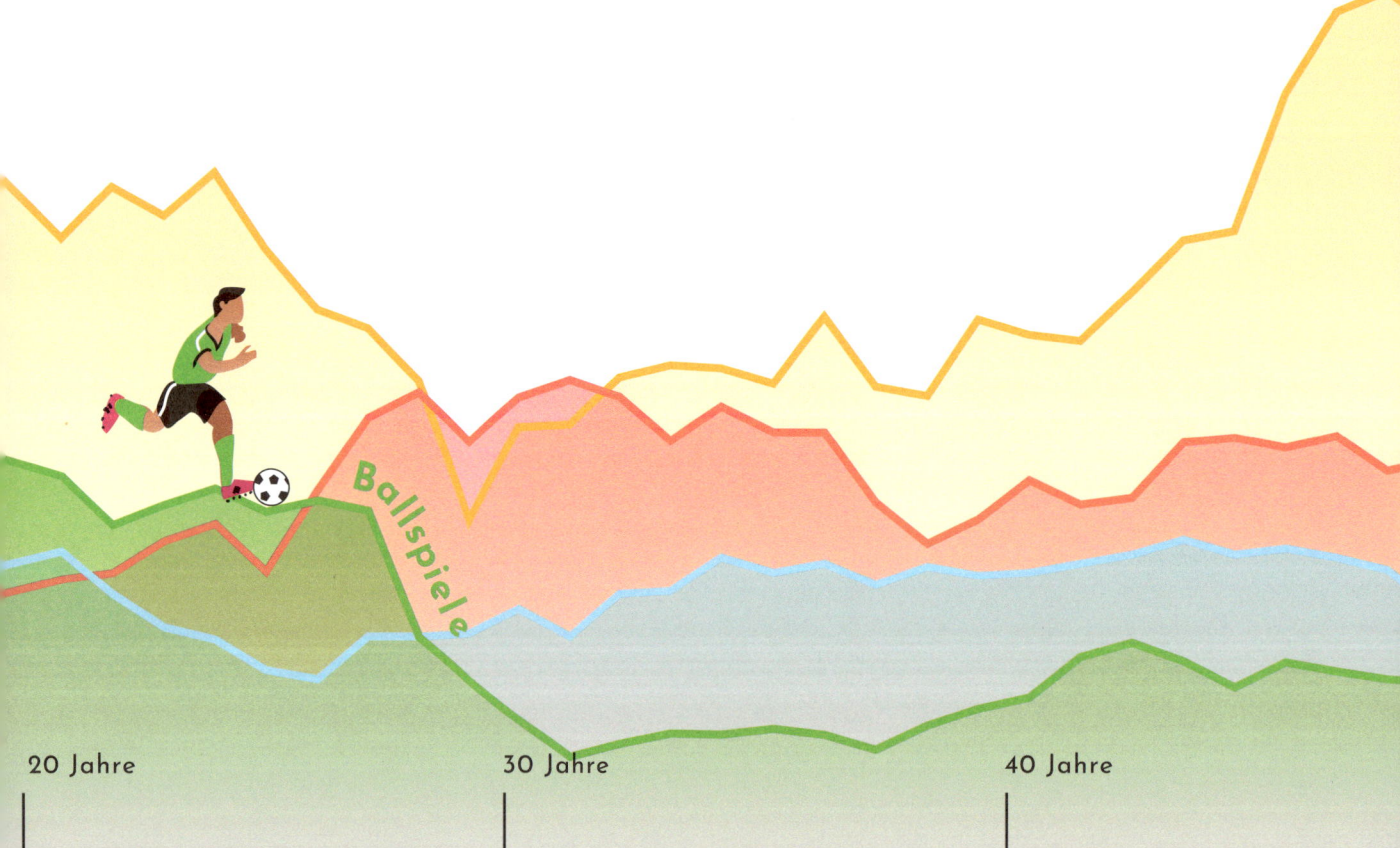

20 Jahre 30 Jahre 40 Jahre

Leute, die häufig Sauna oder Dampfbad besuchen, nach Alter

Den Körper durch Sitzen trainieren? Vielleicht ist es diese Verlockung, die die Sauna mit steigendem Alter immer attraktiver macht. Saunieren soll dem Kreislauf zuträglich sein und gegen Erkältungen vorbeugen. Die medizinischen Belege dafür sind zwar dünn. Aber ohne Zweifel bedeutet Saunieren körperliche Anstrengung. Und das ist gut. Nur ein Drittel der Deutschen war übrigens noch nie in der Sauna, rund die Hälfte von ihnen finden es dort einfach zu heiß und ein Fünftel meidet sie aus Scham. Dass deutsche Saunen meist textilfrei sind, empfinden ein Drittel der Frauen und ein Fünftel der Männer als unangebracht. Entgegen gängiger Vorurteile sind es im Osten Deutschlands genauso viele wie im Westen.

Wann die Sauna zum Sport wird

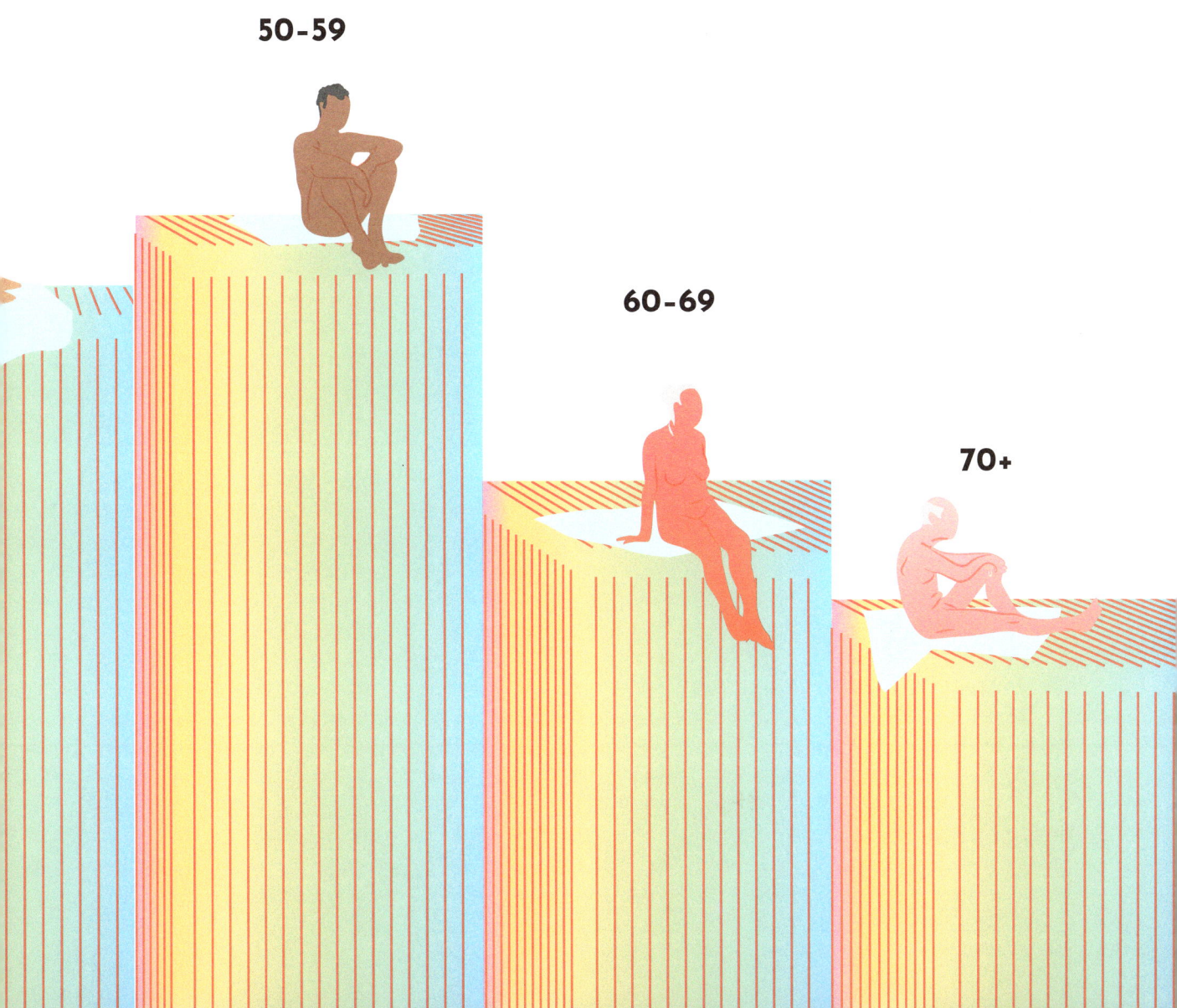

Vollzeit Erwerbstätige

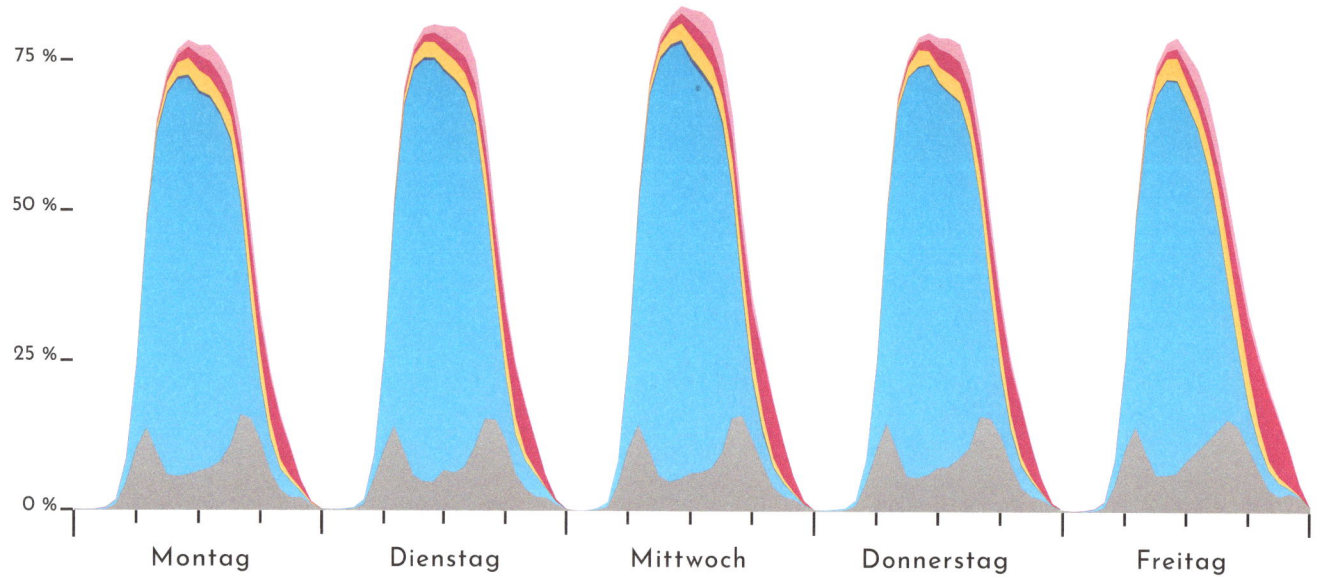

Montag   Dienstag   Mittwoch   Donnerstag   Freitag

Rentner*innen

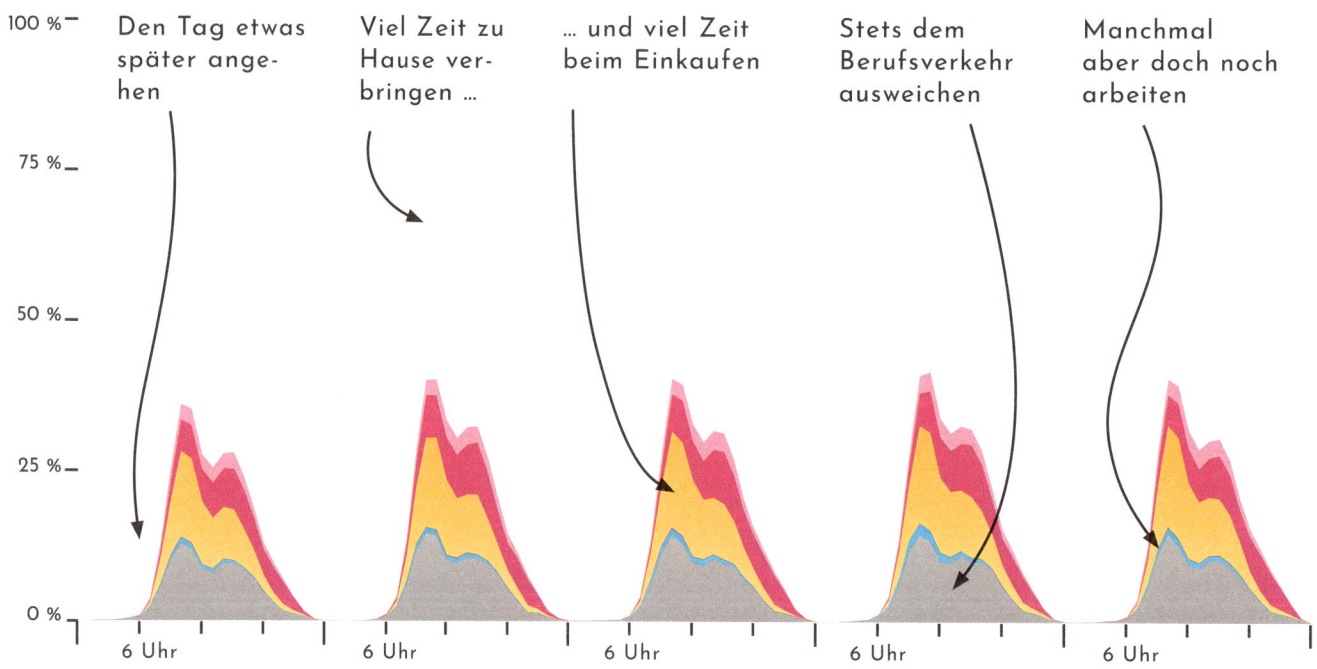

- Den Tag etwas später angehen
- Viel Zeit zu Hause verbringen …
- … und viel Zeit beim Einkaufen
- Stets dem Berufsverkehr ausweichen
- Manchmal aber doch noch arbeiten

Wie die Rente den Alltag verändert

Wie viele wann nicht zu Hause sind

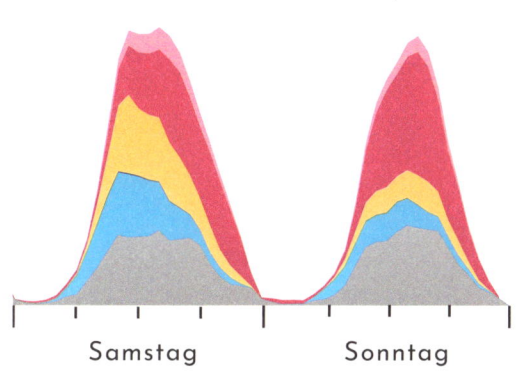

Samstag   Sonntag

Freizeitaktivitäten
Einkaufen
Ausbildung
Auf Arbeit
Unterwegs
Sonstiges

Der Samstag gleicht den Wochentagen

Sonntags etwas unternehmen statt einkaufen gehen

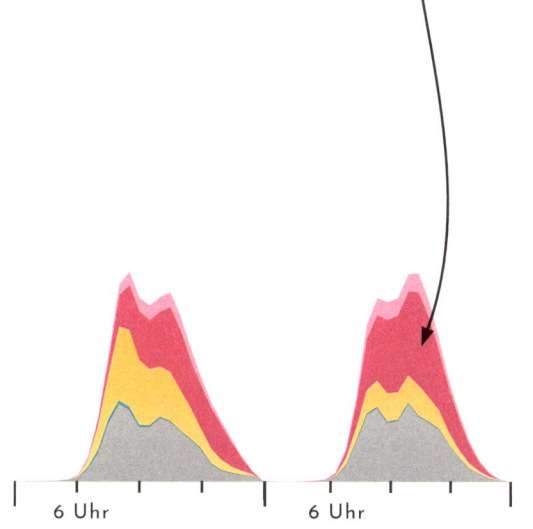

6 Uhr   6 Uhr

Lesebeispiel: Zwei Drittel der Berufstätigen sind unter der Woche vormittags bei der Arbeit. Die Flächen sind gestapelt. Die Daten kommen aus einer Erhebung des Bundesverkehrsministeriums.

Altersstereotype

Eigene und die der anderen

Junge

Selbsteinschätzung	Einschätzung durch Alte

lernfähig	lernentwöhnt
ehrgeizig	genügsam
dynamisch	gemütlich
flexibel	unflexibel
wissbegierig	uninteressiert
belastbar	sensibel
motiviert	unmotiviert
kreativ	unkreativ
fleißig	faul
zuverlässig	unzuverlässig
loyal	illoyal
hilfsbereit	egoistisch

Das Alter nehmen wir als eines der ersten Dinge bei einem Menschen wahr – und verbinden es oft mit lauter Stereotypen, wie Befragungen der Ethnologin Antje Schönwald von der Universität des Saarlandes zeigen. Vergleicht man Selbst- und Fremdeinschätzung von Jung und Alt, fällt auf, wie viel negativer Junge Ältere sehen. Man ist sich zwar einig, dass man im Alter einen Gang runterschaltet. Aber derart genügsam und gemütlich, wie die Jungen meinen, sehen sich die Älteren dann doch nicht. Jung, das heißt hier Mitte 20 bis Mitte 30, alt 56 und älter. Die Daten kommen aus Umfragen in vier Industrieunternehmen. Sie sind nicht repräsentativ für die gesamte Bevölkerung. Und sie beziehen sich auf den Arbeitsalltag. Verallgemeinern sollte man sie also nicht, aber das versteht sich bei Stereotypen ja von selbst.

Wie viele wann im Leben schwerbehindert sind

Schwerbehinderung ist nur selten Folge eines Unfalls. Zu 90 Prozent ist sie krankheitsbedingt. Jeder und jede Zehnte ist in Deutschland schwerbehindert, hat also einen Behinderungsgrad von mindestens 50 auf einer Skala bis 100. Gründe dafür können so verschieden sein wie der Verlust einer Hand, völlige Stimmlosigkeit, schwere Migräneanfälle alle paar Tage, schwere Alkoholsucht, die Entstellung des Gesichts oder eine Atemnot, die bereits beim Spazieren auftritt. In jungen Jahren sind es vor allem geistige Behinderungen, ab 30 nehmen die körperlichen schnell zu.

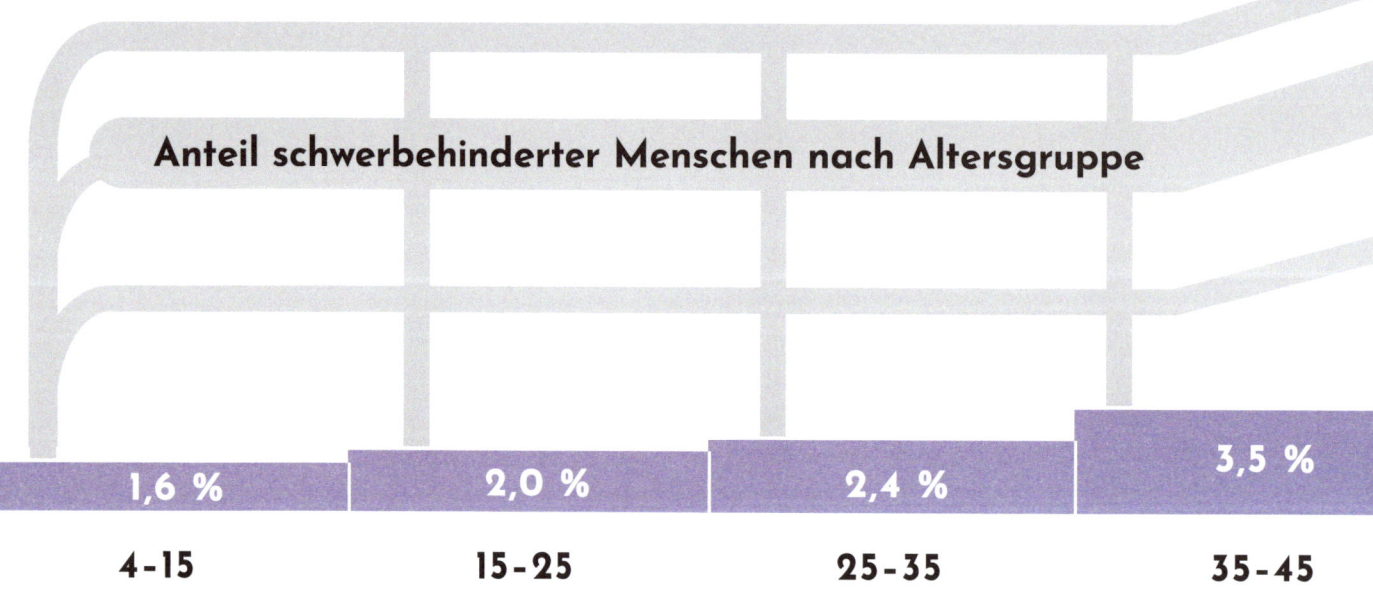

Anteil schwerbehinderter Menschen nach Altersgruppe

4-15	15-25	25-35	35-45
1,6 %	2,0 %	2,4 %	3,5 %

Zeichnen Sie eine Uhr auf 14:45

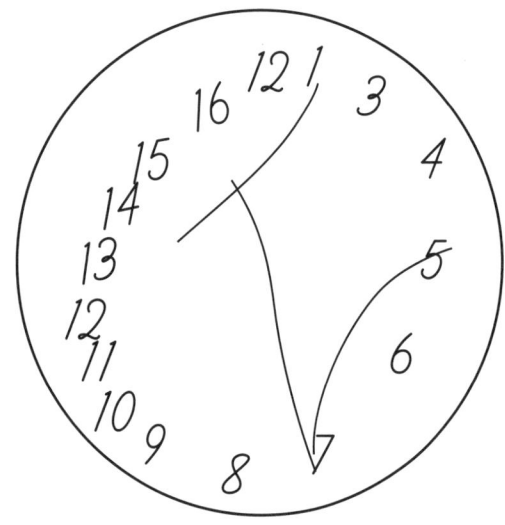

Wenn räumliche Orientierung und semantische Fähigkeiten infolge einer Alzheimererkrankung schwächer werden.

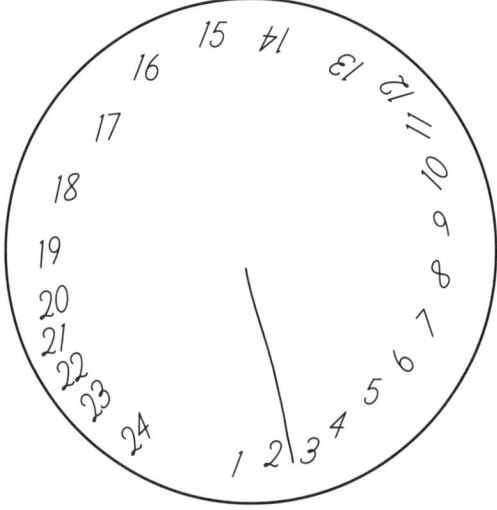

Wenn Planungsfähigkeit verloren geht und man nur noch getrieben ist, etwa infolge einer vaskulären Demenz, einer Störung der Durchblutung des Gehirns.

Menschen mit Verdacht auf Demenz werden gebeten: »Zeichnen Sie eine Uhr mit allen Zahlen und zwei Zeigern auf Viertel vor drei«. Die Bilder helfen Ärztinnen und Ärzten bei der Diagnose und können Hinweise geben sowohl auf die Art der Demenz als auch das Stadium der Krankheit. Sie zeigen, wie räumliche und zeitliche Orientierung verloren gehen – und wie Erkrankte langsam in eine andere Gedankenwelt entschwinden.

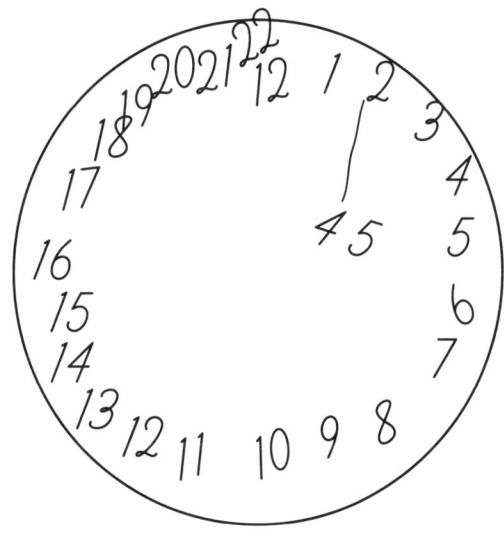

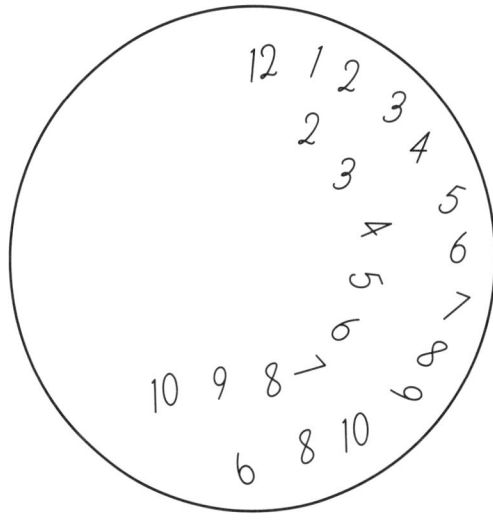

Wenn das Gedächtnis zwar noch funktioniert, aber man durch eine (seltene) frontotemporale Demenz nicht mehr macht, was von einem erwartet wird.

Wenn räumliche Orientierung und semantische Fähigkeiten infolge einer Lewy-Körper-Demenz verloren gehen.

Zehn Jahre mehr vom Leben haben Menschen, die zum obersten Fünftel der Einkommensschicht gehören, verglichen mit jenen im untersten Fünftel. An der medizinischen Versorgung liegt das kaum. Sie hat innerhalb Deutschlands wenig Einfluss auf die Lebenserwartung. Leben Reiche einfach gesünder? Teilweise ja. Sie können sich besser ernähren und haben mehr Möglichkeiten, im Alter aktiv zu bleiben. Die wichtigste Ursache dürfte aber woanders liegen: Wer arm ist, ist häufiger, heftiger und früher im Leben von Krankheiten betroffen. Das beginnt schon in der Kindheit. Dabei ist es nicht so sehr das Verhalten des Einzelnen – wie etwa das Rauchen –, das krank macht, sondern die Berufswelt: Schwere und schädliche Arbeit ist häufig auch schlecht bezahlt. Um so problematischer ist es, dass ein Viertel derer, die arm sind, nicht einmal das Rentenalter erreicht.

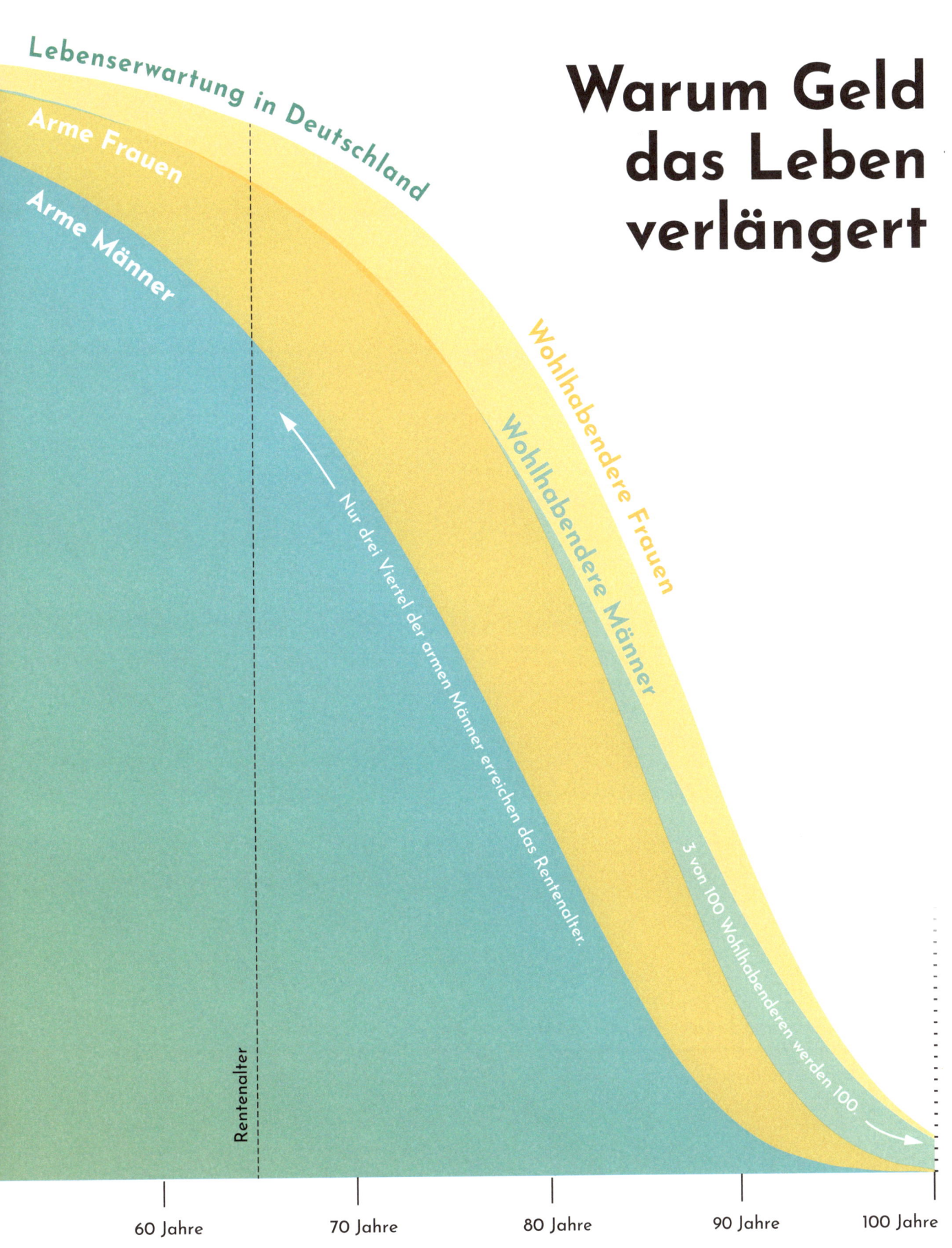

Wo man in Europa am ältesten wird

Je wohlhabender ein Land, desto höher die Lebenserwartung, diese Faustregel gilt weltweit. Aber sie stimmt nicht immer. Auffällig ist die hohe Lebenserwartung in Südeuropa. Die Menschen im Westen Spaniens werden durchschnittlich zehn Jahre älter als im Osten Rumäniens (die Daten sind allerdings noch von vor der Pandemie). Die Stereotype sind schnell zur Hand: mediterrane Diät, Siesta-Kultur. Doch ist Spanien sowohl in Sachen Arbeitszeiten als auch bei der Verbreitung von Adipositas europäischer Durchschnitt. Vom Essen und der Mittagspause kann das lange Leben nicht kommen. Möglich ist, dass engere familiäre Bindungen die Betreuung von alten Menschen verbessern. Letztlich aber dürften die Gründe viel profaner sein: ein Gesundheitssystem, dem es besser gelingt, auch Menschen mit niedrigerem Einkommen zu versorgen.

85,5 bis 83

Kastilien

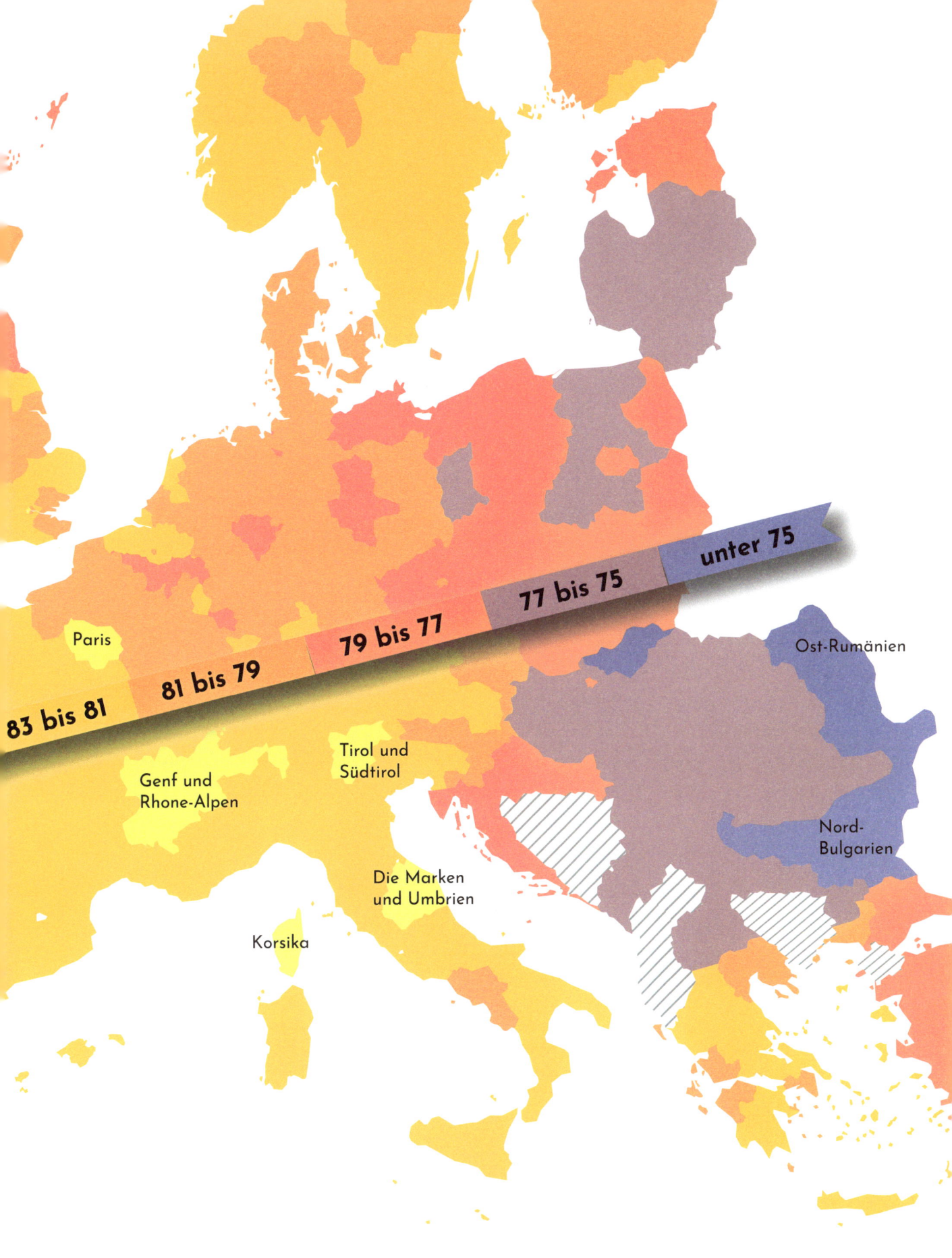

Vom Leben erzählt nur, wer überlebt hat

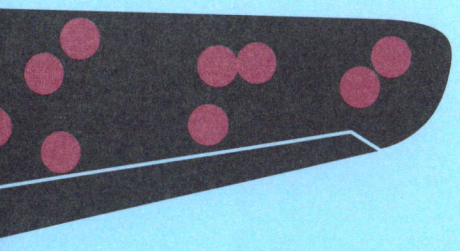

Im Zweiten Weltkrieg sollte der Mathematiker Abraham Wald für die US-Armee ermitteln, wo Flugzeuge verstärkt werden sollten. Die Daten der getroffenen Flieger zeigten die meisten Einschusslöcher am Rumpf. Also den Rumpf verstärken, wie die Armee es wollte? Nein, soll Wald erkannt haben. Jene Flugzeuge, die an den Motoren oder am Cockpit getroffen wurden, kehrten ja gar nicht erst zurück. Sie fehlten in der Statistik. Die Geschichte ist wohl eine Legende. Aber sie veranschaulicht ein statistisches Problem: den Survivorship Bias oder Überlebensirrtum. Wir hören nur die Erzählungen von jenen, die überlebt haben. Wir fragen 100-Jährige, wie sie so alt geworden sind, um etwas über langes Leben zu erfahren. Dabei müssten uns jene interessieren, die bereits mit 60 gestorben sind.

Biographie

Leben

»Philaseiten«-Preisindex
für Sammler-Briefmarken

Wie manches an Wert verliert

Sind im Krempel noch Schätze verborgen? Fernsehsendungen, die sich nur um diese Frage drehen, schauen täglich Millionen. Doch auch alte Sammlerobjekte werden nicht immer wertvoller. Briefmarken sind vielleicht das beste (und traurigste) Beispiel dafür. Der »Philaseiten«-Preisindex kombiniert die Briefmarkenpreise tausender Geschäfte. Sie gehen nur noch bergab. Die heutigen Preise sind ein Bruchteil von dem, was in den sechziger und siebziger Jahren bezahlt wurde, als das Sammeln in Mode war. Die Enkel der alten Briefmarkensammler wollen die Markenalben nur noch loswerden. Vielleicht auch, um Platz zu machen für ihre Sammlung alter Punk- und Rock-Schallplatten. Deren Preise steigen gerade enorm.

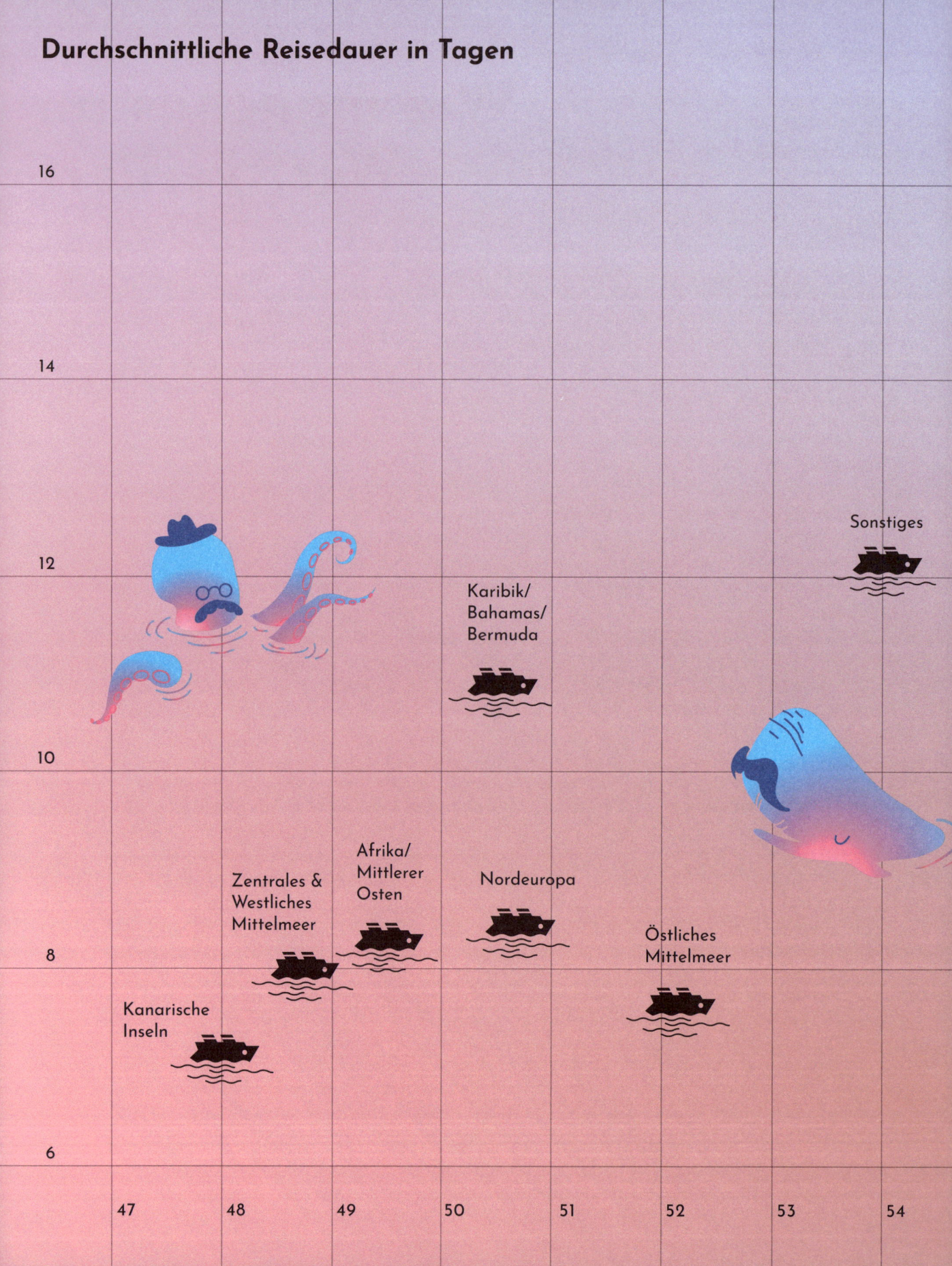

Altenheime weltweit, in denen Deutsch gesprochen wird

Kanarische Inseln

Es gibt – grob gesagt – zwei Ballungsräume für deutschsprachige Altenheime im Ausland: Polen und Thailand. Sie stehen auch für zwei Welten, in denen Menschen heute ihren Lebensabend verbringen. Die Residenzen in Thailand versprechen »exotische Gartenanlagen«, Villen mit privatem Pool, ein »Ayurveda- und Massagezentrum« oder gleich eine »Zen-Zone für das Gleichgewicht von Körper, Geist und Seele«. In Polen hingegen sind sie »idyllisch am Waldrand« gelegen und werden mit »Werten wie Wertschätzung, Achtung und Respekt« geführt.

Was Frust bereitet ...

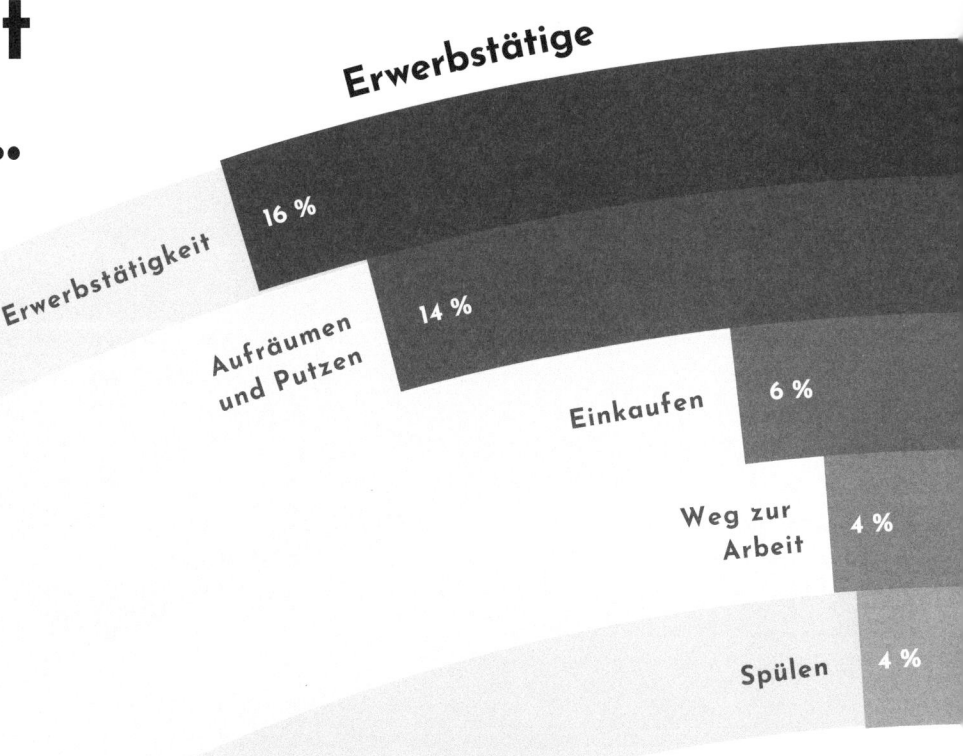

Erwerbstätige

- Erwerbstätigkeit 16 %
- Aufräumen und Putzen 14 %
- Einkaufen 6 %
- Weg zur Arbeit 4 %
- Spülen 4 %

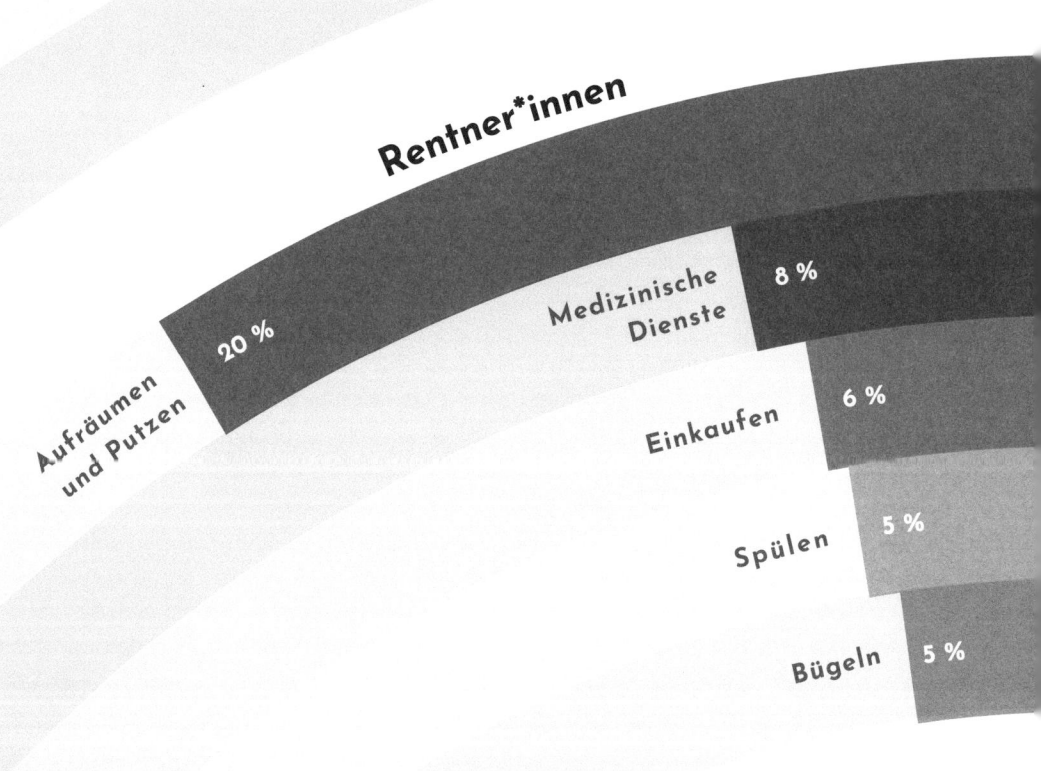

Rentner*innen

- Aufräumen und Putzen 20 %
- Medizinische Dienste 8 %
- Einkaufen 6 %
- Spülen 5 %
- Bügeln 5 %

... und was Freude

- 9 % Essen und Trinken
- 7 % Besuche
- 5 % Gespräche
- 5 % Fernsehen
- 4 % Einkaufen

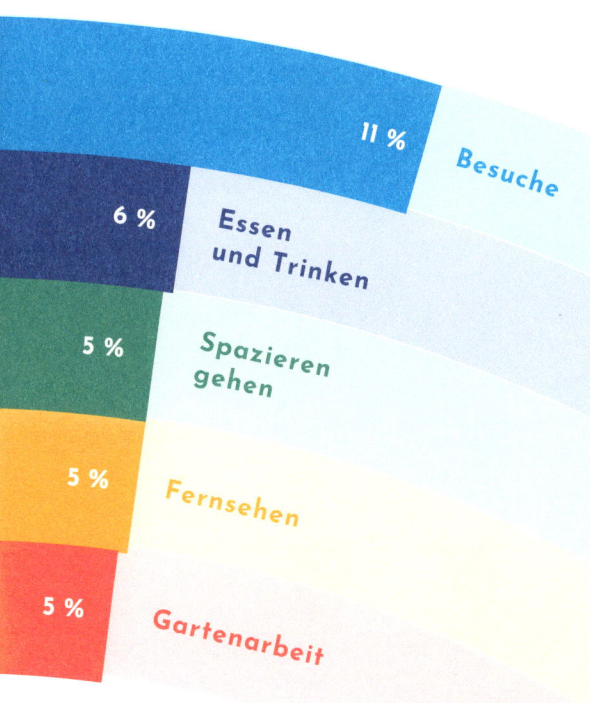

- 11 % Besuche
- 6 % Essen und Trinken
- 5 % Spazieren gehen
- 5 % Fernsehen
- 5 % Gartenarbeit

Das Statistische Bundesamt bittet gelegentlich Menschen, ein Tagebuch zu führen, wie sie ihre Stunden verbringen. Am Ende des Tages sollen sie bewerten, was ihnen viel oder gar keine Freude bereitet hat. Zweierlei fällt bei den Ergebnissen auf. Das eine ist ernüchternd: Die freudlosen Dinge sind stets die notwendigen, egal in welchem Alter. Dafür ist es sehr einfach, älteren Menschen eine Freude zu bereiten. Ein Besuch genügt.

Wie sehr ein Hund das Sterberisiko senkt

Und was das mit dem Sinn des Lebens zu tun hat

Einen Hund zu haben verringert das Sterberisiko, sagen verschiedene Studien. Vor allem Kreislauferkrankungen sollen Hunde vorbeugen – womöglich, weil sie einen aktiv halten. Zwar ist nicht auszuschließen, dass gesündere Menschen einfach eher Hunde halten. Außerdem klingt die Reduktion spektakulärer, als sie ist. Das Sterberisiko beträgt über alle Altersgruppen etwa ein Prozent - und schwankt enorm. Dieses Prozent wird mit Hund um 24 Prozent kleiner. Doch steckt hinter den 24 Prozent noch etwas Größeres, das kaum in Zahlen fassbar ist: Wer noch für jemanden da sein kann, hat einen erfüllteren Lebensabend und möglicherweise einen stärkeren Willen, noch etwas länger zu bleiben.

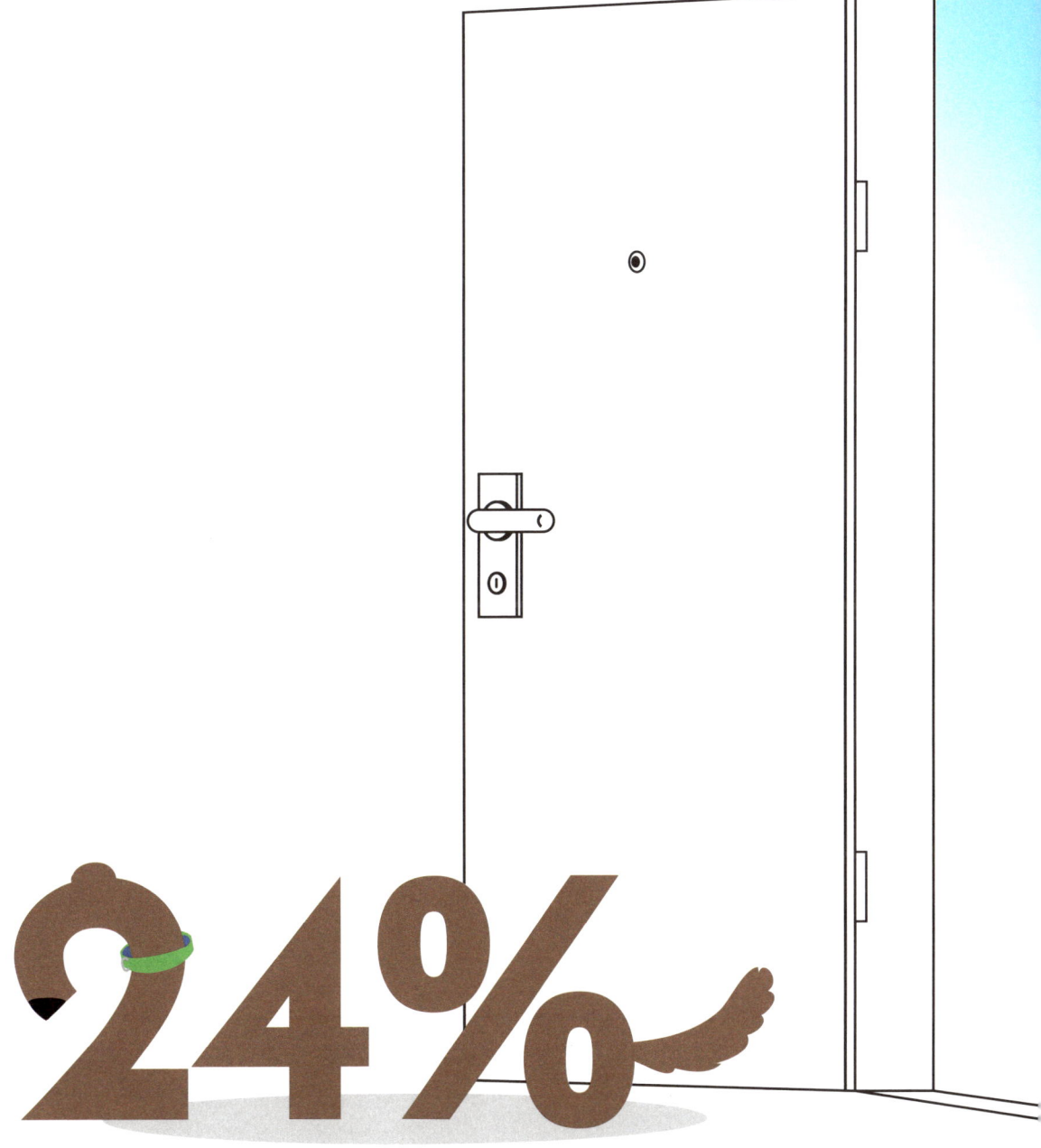

Was kommt nach dem Tod?

# Nichts mehr

Religion macht die Zeit nach dem Tod interessanter. Religiöse glauben eher, dass der Tod noch nicht das Ende ist. Muslime häufiger als Katholiken, Katholiken häufiger als Protestanten, Protestanten häufiger als Atheisten. Sonderbar ist, dass dieser Glaube im Alter schwindet, wie Befragungen zeigen. Jenseitsglaube scheint nicht nur religiös, sondern auch jugendlich zu sein. So, wie man sich in jungen Jahren auch sein Leben in wilden Farben ausmalt.

Alle Menschen, die je gelebt haben

108 988 552 251

JORDAN

Alle Menschen, die heute leben

7 772 850 162

Das Jenseits ist nur 14 Mal größer als das Diesseits. Fast jeder zehnte Mensch, der je geboren wurde, lebt heute auf der Erde. Das starke Bevölkerungswachstum in den letzten 50 Jahren und die steigende Lebenserwartung haben dazu geführt. Angenommen, alle behalten im Jenseits das Alter, das sie beim Tod hatten, läge das Durchschnittsalter drüben unter 40. Die meisten von uns wären im Jenseits uralt. Es wird sich aber kaum jemand für all die Dinge interessieren, die wir in unseren langen Leben im 20. und 21. Jahrhundert erlebt haben. Geschichten über Flugzeuge, Wolkenkratzer und Telefone kennen alle schon zuhauf, weil so viele bereits davon erzählt haben. Vom Bau der Pyramiden hingegen hat auch im Jenseits so gut wie niemand Ahnung.

Quellen

Lebenserwartung S. 4: Statistisches Bundesamt.

Geburten S. 8: Statistisches Bundesamt.

Erste Worte und Menschen S. 12 bis 15: Stanford Wordbank, basierend auf Szagun: »Fragebogen zur frühkindlichen Sprachentwicklung« (2009). Erhoben wurde nicht, welche Menschen Kinder erkennen, sondern in welcher Reihenfolge vorgegebene Menschen gelernt wurden. Abgefragt wurden 24 Menschen.

Impfungen S. 16: Centers for Disease Control and Prevention via Our World in Data. Inspiration: Wikipedia.

Erinnerungen S. 18: Akhtar et. al.: »Fictional First Memories« (2018).

Kita-Namen S. 20: Eigene Auswertung basierend auf Kita-Navigator von Berlin.de.

Imaginäre Freunde S. 22: Stereogramm erstellt mit Easy Stereogram Builder.

Down-Syndrom S. 24: Bittles/Glasson: »Clinical, social, and ethical implications of changing life expectancy in Down syndrome« (2004).

Abenteuerbücher S. 26: Eigene Auswertung basierend auf dem Katalog der Bibliothek für Jugendbuchforschung an der Universität Frankfurt. Vielen Dank an Manuela Kalbermatten für die historische Einordnung.

Gender und Spielzeug S. 28: Eigene Auswertung der Produktkategorien Junge und Mädchen im Katalog von Spiele Max.

Lego-Ungleichheit S. 30: Lego produziert 75 Milliarden Steine jeglicher Art pro Jahr (BBC, 2018). Das Unternehmen macht rund 10 Prozent seines Umsatzes in Deutschland. Da die Preise für Lego-Sets weltweit ähnlich sind, haben wir die Steine auf die Anzahl Kinder zwischen 5 und 15 Jahren in Deutschland (Statistisches Bundesamt) und weltweit (UN) umgerechnet.

Hartz IV S. 32: Regelsätze 2021.

Geschenke S. 34: Google Trends.

Mann zeichnen S. 36: Jenni: »Wie Kinder die Welt abbilden – und was man daraus folgern kann« (2013). Die Zahlen wurden zwischen 1978 und 1985 erhoben. Die Zeichnungen sind nicht von den Kindern gezeichnet, sondern illustrativ.

Weltkarte zeichnen S. 38: Schmeinck: »Making a case for maps« (2007). Die Karten sind nicht von den Kindern gezeichnet, sondern illustrativ.

Bestrafen S. 40: Plener/Rodens/Fegert: »Einstellungen zu Körperstrafen und Erziehung in der deutschen Allgemeinbevölkerung« (2016).

Hochsensible S. 42: Eigene Auswertung von Büchern und anderen Publikationen im Katalog der Deutschen Nationalbibliothek.

Hunde oder Mensch S. 44: Wilks et. al.: »Children Prioritize Humans Over Animals Less Than Adults Do« (2020).

Traumberufe S. 46: Befragung durch Appinio von 14- bis 30-Jährigen zu ihren Traumberufen als Kinder (2018). Anzahl Stellen: Statistisches Bundesamt (Polizei und Schule), Bundestierärztekammer, Luftfahrt Bundesamt, Vereinigung Cockpit, Deutscher Feuerwehrverband, Europäische Weltraumorganisation, Bundesverband Schauspiel. Weltfussball.de (Bundesligen und 3. Liga Männer sowie Bundesliga Frauen).

Musik machen S. 48: Berngruber/Gaupp/Langmeyer: »Lebenswelten von Kindern und Jugendlichen« (Datenreport 2018). Erhebung lediglich von 9 bis 17 Jahren, zusätzliche Jahre wurden extrapoliert.

Musik S. 50: Eigene Auswertung auf der Basis von Spotify-Charts (Januar bis September 2020) sowie Wikipedia. Inspiration: dvd5671 auf Reddit.

Dr. Sommer S. 52: Überschriften der Dr. Sommer-Rubrik auf Bravo.de.

Erstes Mal S. 54: Heßling/Bode: »Jugendsexualität 2015: Die Perspektive der 14- bis 25-Jährigen« (2015).

Sexuelle Identität S. 56: Dalia-Research-Befragung (2016).

Körperverletzung S. 58: Birkel et al.: »Der Deutsche Viktimisierungssurvey 2017«.

Olympia S. 60: Eigene Auswertung von Daten des Deutschen Olympischen Sportbunds anhand der Spiele in in Rio 2016 und Pyeongchang 2018 sowie der Mitglieder 2019 zwischen 15 und 26 Jahren.

Backpacker S. 62: Eigene Auswertung geogetaggter #backpacker-Fotos auf Instagram (2013-2015).

Shisha und Chips S. 64: Kartoffelchips: Schätzung anhand jährlicher Produktionsmengen (Statista) sowie Kartoffelchips-Umsatz 2017 (Nielsen). Shishatabak: Kleinverkaufswert von Pfeifentabak (Statistisches Bundesamt), dessen Wachstum laut Verband der deutschen Rauchtabakindustrie vor allem Shisha-Tabak bewirkt hat.

Sex zu dritt S. 66: Thompson et. al.: »Exploring Variations in North American Adults' Attitudes, Interest, Experience, and Outcomes Related to Mixed-Gender Threesomes« (2020).

Erste Male S. 68: BZgA (Sex), Statistisches Bundesamt (Ehe, Scheidung, Kind), KfW Research (Unternehmen), jimchines.com (Roman, nicht repräsentative Online-Umfrage), Vasektomie.de (nicht repräsentative Online-Umfrage), Bundesamtes für Bauwesen und Raumordnung (Eigenheim), Robert Koch-Institut (Burn-out:), Bundestag.de, Deutsche Gesellschaft für Ästhetisch-Plastische Chirurgie, GfK (Kreuzfahrt), nobelprize.org. Wo möglich wurden die Medianalter ermittelt. Stand der Zahlen: 2017.

Leben in Montagen S. 70: Inspiration: Wait But Why.

Bereuen S. 72: Davison/Feeney: »Regret as autobiographical memory« (2008).

Wochenablauf S. 74: Nobis/Kuhnimhof: »Mobilität in Deutschland« (Bundesministerium für Verkehr, 2018).

Ausziehen S. 76: Eurostat.

Freunde S. 78: Bhattacharya et. al.: »Sex differences in social focus across the life cycle in humans« (2016).

Dating S. 80 bis 83: Die Daten sind nicht von Tinder, sondern einer vergleichbaren, mittlerweile eingestellten App. Schaffner: »Swipe right: Preferences and outcomes in online mate search« (2016).

LGBTI S. 84: LGBTI Survey der European Union Agency for Fundamental Rights (2019).

Tattoos S. 86: Eigene Auswertung von Instagram-Hashtags (2020) sowie Borkenhagen et. al.: »Tattoos in der deutschen Bevölkerung – Prävalenzen, Soziodemografie und Gesundheitsorientierung« (2019).

Körperlicher Zerfall S. 88: Wegener: »Alterung des Gehirns« (2017), McKay et. al.: »Reference values for developing responsive functional outcome measures across the lifespan« (2017), Kleibrink/Teschler: »Wie funktioniert die Lunge im Alter?« (2012), OSD Dachverband, von Zglinicki/Nikolaus: »Alter und Altern« (2007), Dunson et. al.: »Changes with age in the level and duration of fertility in the menstrual cycle« (2002), Ebert et al.: »Two Novel Equations to Estimate Kidney Function in Persons Aged 70 Years or Older« (2012), Bundesverband für Logopädie. Inspiration: SZ-Magazin.

Generationen S. 90: Schröder: »Der Generationenmythos« (2018).

Parlamente S. 92: Bundeswahlleiter: Europawahlen 2019.

Demonstrationen S. 94: PRODAT-Datenbank des Wissenschaftszentrum Berlin für Sozialforschung sowie eigene Recherche.

Homoehe S. 96: Umfragen von Allensbach (2000–2015) und Emnid (2017).

Homogene Ehen S. 98: Statistisches Bundesamt (2019).

Vornamen S. 100: Präsidialdepartement der Stadt Zürich.

Umziehen S. 102: Bauer/Rulff/Tamminga: »Berlin Calling – Internal Migration in Germany« (2019). Veränderung der Altersgruppe zwischen 2008 und 2014 durch Zuzügler und Wegzügler mit deutscher Staatsbürgerschaft, die innerhalb Deutschlands umgezogen sind.

CO_2 S. 104: CO_2-Rechner des Umweltbundesamtes sowie Drexel: »Warum Meerschweinchen das Klima retten« (2019).

Katzenbäume S. 106: Berners-Lee: »Wie schlimm sind Bananen? Der CO_2-Abdruck von allem« (2020).

Zeitaufwand S. 108: Panova/Sulak/Bujard/Wolf: »Die Rushhour des Lebens im Familienzyklus: Zeitverwendung von Männern und Frauen« (2017).

Sex und Kondome S. 110: Haversath et. al.: »Sexualverhalten in Deutschland« (2017) sowie eigene Berechnung auf der Basis von BZgA: »Verhütungsverhalten Erwachsener« (2018).

Scheidungen S. 112: Graaf/Kalmijn: »Divorce Motives in a Period of Rising Divorce: Evidence From a Dutch Life-History Survey« (2006).

Vorsätze S. 114: Google Trends (2016–2019, saisonal angepasst).

Mount Everest S. 116: Besteiger zwischen 2009 und 2020, die von The Himalayan Database mit Alter erfasst sind. Abfrage via High Adventure Expeditions.

Reise zum Mond S. 118: YouGov-Umfrage 2020 in Deutschland eigens für dieses Buch. Argumente gegen die Reise: YouGov-Umfrage in Großbritannien 2019.

Könnten/nehmen S. 120: Bundesministerium für Ernährung, Deutscher Olympischer Sportbund, Industrieverband Heimtierbedarf.

Steaks S. 122: Longhorn Steakhouse via FiveThirtyEight (2017).

Geld und Glück S. 124: IfD Allensbach (2000) via Statista sowie Schröder et. al.: »MillionärInnen unter dem Mikroskop« (DIW Wochenbericht 29/2020).

Vermögen S. 126: Niehues/Stockhausen am Institut der deutschen Wirtschaft (2020).

Millionäre S. 128: Ströing/Grabka/Lauterbach: »Hochvermögende in Deutschland« (DIW Wochenbericht 42/2016).

Bildungsaufstieg S. 130: Hochschul-Bildungs-Report 2020 des Stifterverbands.

Gender-Pay-Gap S. 132: Schrenker/Zucco: »Gender Pay Gap steigt ab dem Alter von 30 Jahren stark an« (DIW Wochenbericht 10/2020).

Gender-Gaps S. 134: Statistisches Bundesamt (Abitur, Studium, Professur, Teilzeit, Alleinerziehend), Female Founders Monitor (Start-ups), Albright Stiftung (Vorstände von 160 dt. Börsenunternehmen), Fidelity International (Rente mit 67), Nobel Foundation (Nobelpreise 1901-2020), Academy Awards Database (Oscars), DIW (Berufe).

Gender-Patent-Gap S. 136: Koppel/Röben/Wojda: »Der Beitrag weiblicher Erfinder zu deutschen Patentanmeldungen« (Institut der deutschen Wirtschaft, 2019).

Nobelpreis S. 138: Stephan/Levin: »Age and the Nobel prize revisited« (1993).

Zufriedenheit S. 140: Blanchflower: »Is happiness U-shaped everywhere?« (2019).

Meditation S. 146: Auswertung der 50 populärsten deutschsprachigen Meditationen auf YouTube, automatisch transkribiert mit Google Cloud Speech, sowie der Kirchenlieder aus dem Katholischen Gotteslob und dem Evangelischen Gesangbuch.

Todesursachen S. 148: Statistisches Bundesamt.

Gender Age Gap S. 150: Kindersicherheit.de (Kinderunfälle), Statistisches Bundesamt (Unfall, Suizid, Übergewicht), Deutsches Krebsforschungszentrum (Rauchen, Alkohol), Polizeiliche Kriminalstatistik (Tötung), Robert Koch-Institut (Blutdruck, Gesundheit).

Morde S. 152: History of Homicide Database via Eisner: »From Swords to Words: Does Macro-Level Change in Self-Control Predict Long-Term Variation in Levels of Homicide?« (2014).

Rauchen S. 154: National Center for Health Statistics, Centers for Disease Control and Prevention via American Cancer Society (Lungenkrebs) sowie International Smoking Statistics via Our World in Data (Zigaretten).

Reha S. 156: Statistisches Bundesamt.

Lebenserwartungen S. 158: The World Bank.

Zombies S. 160: Modell erstellt mit White Zed von Reed A. Cartwright.

Exponentielles Wachstum S. 162: Wikitech Pageviews Analysis.

Sport und Alter S. 164: Klein/Gruhler/Rapp: »Sportaktivität - Verbreitung und soziale Unterschiede« (Statistisches Bundesamt, 2017).

Sauna S. 166: IfD Allensbach (2018) via Statista sowie YouGov.

Wochenablauf S. 168: Nobis/Kuhnimhof: »Mobilität in Deutschland« (Bundesministerium für Verkehr, 2018).

Altersstereotype S. 170: Schönwald et al.: »Demographischer Wandel in Unternehmen: Altersgerechte Arbeitsbedingungen aus Arbeitnehmersicht« (2014). Bei den Älteren haben wir Mittelwerte gebildet.

Schwerbehinderung S. 172: Statistisches Bundesamt und eigene Berechnung.

Demenz S. 174: Trojano/Gainotti: »Drawing Disorders in Alzheimer's Disease and Other Forms of Dementia« (2016). Die Zeichnungen sind nicht von Patienten, sondern illustrativ.

Lebenserwartung und Wohlstand S. 176: Lampert/Hoebel/Kroll: »Soziale Unterschiede in der Mortalität und Lebenserwartung in Deutschland« (Robert Koch-Institut, 2019).

Lebenserwartung Europa S. 178: Eurostat.

Survivorship Bias S. 180: Casselman: »The Legend of Abraham Wald«.

Briefmarken S. 184: Richard Ebert von PhilaWert.de.

Kreuzfahrten S. 186: Cruise Lines International Association Deutschland.

Altenheime S. 188: Eigene Auswertung basierend auf Wohnen-im-Alter.de.

Frust und Freude S. 190: »Wie die Zeit vergeht: Analysen zur Zeitverwendung in Deutschland« (Statistisches Bundesamt, 2017).

Hunde S. 192: Kramer/Mehmood/Suen: »Dog Ownership and Survival« (2019).

Leben nach dem Tod S. 194: Chrismon.de via Statista sowie Tesche: »Nachtodvorstellungen in Deutschland heute« (2015).

Menschheit S. 196: »How Many People Have Ever Lived on Earth?« (Population Reference Bureau, 2020).

Tin Fischer

ist freier Datenjournalist in Berlin. Für die ZEIT u.a. recherchiert er Infografikseiten und schreibt über Studien und Statistik. Sein Buch *Nach dem Wochenende bin ich erst mal #krank: Was Instagram über uns verrät* erschien 2016. Zuletzt veröffentlichte er mit Mario Mensch *Gute Karten: Deutschland, wie Sie es noch nie gesehen haben.*

www.herrfischer.net
twitter.com/herrfischer

Mario Mensch

ist freier Illustrator in Hamburg. Er gestaltet Infografiken und Illustrationen u.a. für Gruner + Jahr und die Stiftung Warentest.
2017 erschien sein Buch *Planet der Hühner: Über die Nutzung des Huhns durch den Menschen.*

www.mariomensch.de

Mitarbeit:
Corinna Cerruti

Sollte diese Publikation Links auf Webseiten Dritter enthalten, so übernehmen wir für deren Inhalte keine Haftung, da wir uns diese nicht zu eigen machen, sondern lediglich auf deren Stand zum Zeitpunkt der Schlussredaktion im Juni 2021 verweisen.

1. Auflage 2021
Copyright © 2021 Hoffmann und Campe Verlag, Hamburg
www.hoffmann-und-campe.de
Satz und Gestaltung: Mario Mensch
Einbandgestaltung: © Mario Mensch
Gesetzt aus der Josefin und der URW DIN
Druck und Bindung: DZS Grafik, Slowenien
Printed in Slovenia
ISBN 978-3-455-01069-5

Ein Unternehmen der
GANSKE VERLAGSGRUPPE